LE MONDE
Races, élevage, dressage, équitation, spectacles équestres...
DU CHEVAL

Préface d'**Éric Navet** | Textes de **Catherine Bolac** | Photographies de **Pierre Miriski**

LE MONDE DU CHEVAL

Races, élevage, dressage, équitation, spectacles équestres...

Sélection du Reader's Digest

Réalisation et production :
ARCHIPEL STUDIO
10, rue Louis-Bertrand
94200 Ivry-sur-Seine

Direction d'ouvrage :
JEAN-JACQUES BRISEBARRE

Conception graphique :
THOMAS BRISEBARRE

Édition :
JULIETTE NEVEUX

Recherche iconograhique :
CÉLINE QUÉTIER

Texte rédigé avec la collaboration de
CATHERINE ET FRÉDÉRIC POTDEVIN

Avec la collaboration de l'équipe éditoriale
de Sélection du Reader's Digest

Direction éditoriale :
GÉRARD CHENUET

Responsable de l'ouvrage :
CHRISTINE DE COLOMBEL

Suivi éditorial :
BÉNÉDICTE ROBBE

Lecture-correction :
BÉATRICE ARGENTIER

LE MONDE DU CHEVAL
est une publication de Sélection du Reader's Digest

Pour nous communiquer vos suggestions ou remarques
sur ce livre, utilisez notre adresse e-mail :
editolivre@readersdigest.tm.fr

ISBN : 2-7098-4884-8

Dépôt légal en France : mars 2004
Dépôt légal en Belgique : D-2004-0621-33

Achevé d'imprimer en Slovénie : février 2004

Sommaire

98
Waïti

Au rendez-vous de la passion

Le monde du cheval est infini, multiple, diversifié, hétérogène... Si j'ai réussi à m'imposer dans la discipline du saut d'obstacles, c'était en quelque sorte inscrit dans mon passé... Mon père était cavalier et éleveur de chevaux, mon grand-père l'était aussi ; je suis né dans cet univers et je m'y suis attaché avec délice... Mais pour que l'alchimie s'accomplisse totalement, il a fallu que la passion, elle aussi, soit au rendez-vous.

Chaque facette de ce monde fantastique est source d'enchantement. Élever des chevaux est un métier exaltant, soigner les équidés se révèle gratifiant, passionnant, enseigner l'équitation est une activité captivante et merveilleuse et, bien entendu, monter des chevaux en compétition est un exercice fabuleux.

Si l'univers envoûtant du cheval attire tant de vocations, de jeunes comme d'adultes, c'est certainement à cause de l'animal, de sa personnalité, de son caractère, de son allure fière et déterminée. Le cheval tolère nos erreurs, accepte nos enseignements, se plie à nos exigences et semble prendre énormément de plaisir à côtoyer les hommes. Il mérite d'être respecté, estimé, aimé même et choyé bien sûr. Mais pour lui accorder cette attention indispensable à son bien-être, il faut parfaitement le connaître et le comprendre, ce qui n'est possible qu'en se documentant, en apprenant à reconnaître les multiples facettes de son comportement, à découvrir l'histoire de ses relations avec les hommes, à mémoriser ses nombreuses compétences.

Des ouvrages comme *le Monde du cheval* ont le mérite de dessiner l'esquisse de cet univers exaltant. On y apprend les origines de l'espèce, on y comprend comment le cheval a survécu durant des millénaires et comment il a accompagné les hommes tout au long de leur histoire mouvementée, combien il a souffert de l'exploitation de certains et comment, enfin, une extraordinaire complicité se tisse avec les êtres humains qui font le choix de devenir les cavaliers de ces animaux surprenants. C'est de cette manière, en s'efforçant en toute modestie de comprendre l'animal, de le connaître, de l'apprécier, qu'on devient réellement une « femme » ou un « homme de cheval ». Ensuite, à force d'attachement, on finit par rêver de passer sa vie aux côtés de ce beau destrier, et l'on se débrouille alors pour construire sa destinée avec le cheval et en fonction de lui.

Les passions s'amorcent, les destinées équestres s'esquissent et, que l'on devienne cavalier, groom, vétérinaire, guide de tourisme équestre ou champion de saut d'obstacles, on atteint ces inénarrables bonheurs que seuls connaissent ceux qui côtoient ce merveilleux animal. Je souhaite à tous d'être emportés par une passion frénétique pour le cheval, une passion que je sais terriblement envahissante mais tellement enrichissante.

Éric Navet

Trois fois champion du monde et vice-champion du monde, champion d'Europe et médaillé olympique

Éric Navet, l'un des plus grands champions mondiaux de saut d'obstacles, compte à son actif les titres les plus prestigieux.

À la rencontre du cheval

Les liens qui existent entre le cheval et l'homme ne datent pas d'hier. Depuis des millénaires, le cheval, animal sauvage, s'est laissé approcher pas à pas par l'homme ; il a consenti à être monté, enrêné, attelé pour tirer de lourdes charges et associé à chacun des travaux, labeurs, obligations et loisirs humains (transport de marchandises ou de personnes, labourage des terres, chasse, courses, vendanges et autres débardages). Tour à tour machine, outil et auxiliaire, il est devenu un fidèle collaborateur puis l'objet de toutes les passions. Animal de rêve pour le cavalier de club, « instrument » respecté de victoires pour le professionnel, il est aussi l'indispensable compagnon de grandes randonnées équestres comme l'ami fidèle des enfants de tous âges.

Ce bel équidé, c'est certain, avive aujourd'hui encore davantage les passions et sait si bien se faire apprécier qu'il partage désormais avec bonheur la vie de nombreux cavaliers et propriétaires. Ceux-ci sont en nombre toujours croissant, enthousiasmés par ce rêve de côtoyer au quotidien un si bel animal. Ils cherchent avec lui un mode de vie confortable, une compréhension optimale, une cohésion essentielle. Et pour chacun de ces passionnés – néophyte, amateur ou converti –, l'éventail d'activités se déploie largement selon ses aspirations : l'équitation spectacle ou le cinéma, pour la pure contemplation de la beauté, de l'harmonie et de la grâce du destrier en mouvement ; le saut d'obstacle, le cross, le polo ou les courses hippiques, pour le suspense de l'exploit de cet athlète donnant le meilleur de lui-même ; le dressage, pour enseigner finesse, complicité et obéissance à ce fidèle compagnon ; la randonnée pour l'extraordinaire aventure, la communion avec la nature et la magie des souvenirs. Le cheval répond à toutes les attentes : du plus jeune bambin émerveillé devant la bouille du poney au cavalier de haut niveau, fier de son superbe coéquipier, en passant par le vieux paysan attendri par la placidité de son cheval de trait ou l'éleveur ébloui par l'arrivée féerique de son premier poulain. Et, même pour celui qui ne pratique aucune discipline, le cheval reste toujours un animal légendaire pour sa superbe plastique et sa remarquable gentillesse. À côtoyer la gent équine, chacun d'entre nous gagne en sagesse, en modestie et en bonheur.

Cet ouvrage vous invite à un extraordinaire voyage au pays du magicien qu'est le cheval. Qu'il vous apporte le même bonheur que celui que nous avons ressenti en œuvrant avec ferveur pour vous présenter le merveilleux monde du cheval...

Page de gauche, le cheval et son cavalier sont unis par une tendre complicité.

Double page suivante, le petit cheval de Camargue, qui a le privilège de vivre en semi-liberté dans les vastes étendues marécageuses du delta du Rhône.

L'HOMME ET LE CHEVAL

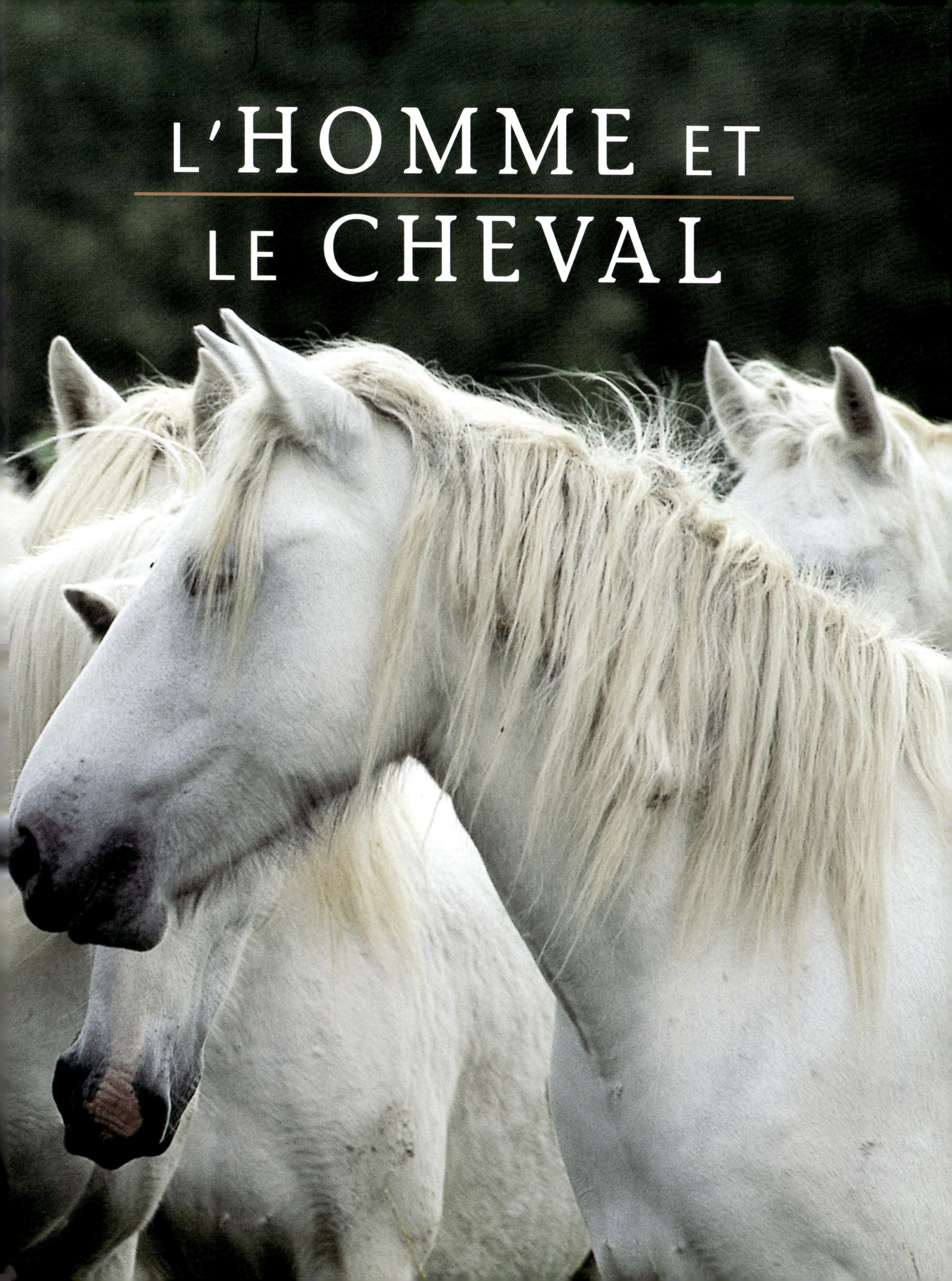

Soixante millions d'années d'évolution

Les ancêtres du cheval n'avaient pas la vie facile... Chassés par les hommes préhistoriques et par les grands prédateurs, ils ne devaient leur salut qu'à leur instinct, qui les poussait à prendre la fuite, dans n'importe quel sens, au premier bruit, au moindre mouvement, au plus petit indice suspect.

Ce comportement a entraîné certaines mutations, comme l'allongement des membres, l'apparition du sabot unique, le modelage d'un corps taillé pour la course, l'augmentation du volume du cerveau. Cette lente évolution a peu à peu donné naissance au cheval que nous connaissons aujourd'hui.

Mais si son aspect physique a évolué, il a conservé de sa vie ancestrale d'animal libre et sauvage cet instinct qui le pousse à la fuite éperdue devant le moindre danger, même lorsqu'il n'a connu que boxes et gras pâturages protégés derrière les épaisses lisses d'un haras. Bien qu'il soit aujourd'hui parfaitement accoutumé à l'homme, son instinct grégaire demeure très vif. Il suffit, pour s'en convaincre, d'observer des chevaux en liberté; ils se rassemblent, se protègent... comme le faisaient sans doute déjà leurs ancêtres, à l'ère tertiaire, il y a près de 60 millions d'années.

De multiples évolutions génétiques

Lorsqu'il fit son apparition à la fin du règne des grands dinosaures, *Eohippus* n'était guère plus grand qu'un chien. Il était doté d'un cerveau rappelant celui d'un reptile, de quarante-quatre dents lui permettant de se nourrir de petites branches feuillues, et de membres munis de quatre doigts aux antérieurs et de trois aux postérieurs, terminés par des petits sabots.

À l'oligocène, son successeur, *Mesohippus*, a déjà grandi et atteint la taille d'un petit poney; son cerveau s'est développé, et ses dents sont mieux adaptées à une alimentation composée de feuilles et de fruits. Les membres antérieurs et postérieurs ne possèdent plus que trois doigts, et celui du milieu se métamorphosera par la suite en sabot unique. À la fin de l'oligocène, *Miohippus* prend la relève sans évolution notable. La trace de ces deux espèces ne sera retrouvée qu'aux États-Unis, et elles seront peu à peu remplacées en Amérique du Nord par *Parahippus*, dont l'aspect commence à ressembler à *Equus*, le cheval que nous connaissons aujourd'hui; en Europe, les branches

Le cheval, sans cesse présent dans les peintures rupestres – comme ici à Lascaux –, est souvent associé à l'aurochs ou au bison, car ces deux animaux étaient probablement le principal gibier des chasseurs de l'époque.

L'histoire du cheval est liée aux caprices de la nature. Sur le continent américain, il disparut avant d'être réintroduit, au XVIe siècle, par les conquistadores. Un grand nombre de chevaux s'échappèrent alors et, retournés à la vie sauvage, ils furent à l'origine des mustangs.

Anchiterium et *Hypohippus* (miocène) se développent puis s'éteignent.

Au cours de la seconde moitié du miocène (de moins 23,5 à moins 5,3 millions d'années), *Merychippus* sera le premier membre de cette longue évolution possédant une denture adaptée à son alimentation et des membres terminés par un seul doigt porteur, les autres s'étant atrophiés progressivement.

Au pliocène, à la fin de l'ère tertiaire, *Pliohippus* apparaît sur toute la planète – la branche européenne, nommée *Hipparion*, disparaissant définitivement. Sa denture est résolument devenue celle d'un herbivore et, pour la première fois, il vit au sein de troupeaux. Au pléistocène lui succède *Equus*, qui se répand tant en Europe qu'en Amérique du Nord et du Sud.

La rencontre de l'homme et du cheval

À l'ère quaternaire, après la dernière glaciation, les premiers chevaux, à la crinière en brosse – dont une superbe fresque peinte sur les parois de la grotte de Lascaux dresse le portrait –, font la connaissance des premiers hommes de la préhistoire. Ils ne sont alors considérés que comme du gibier, que nos ancêtres chassent pour nourrir leurs tribus de leur viande et les habiller de leur cuir. Les hommes préhistoriques, encore dépourvus d'armes efficaces, savent exploiter l'instinct de fuite des troupeaux. Ils les effraient puis les poursuivent en les dirigeant vers le sommet de falaises d'où ils les précipitent dans le vide, ou vers des bourbiers où les chevaux s'enlisent irrémédiablement.

Marques caractéristiques des chevaux primitifs, les zébrures (ci-dessus) et la raie de mulet (ci-contre) se retrouvent encore aujourd'hui dans un certain nombre de races.

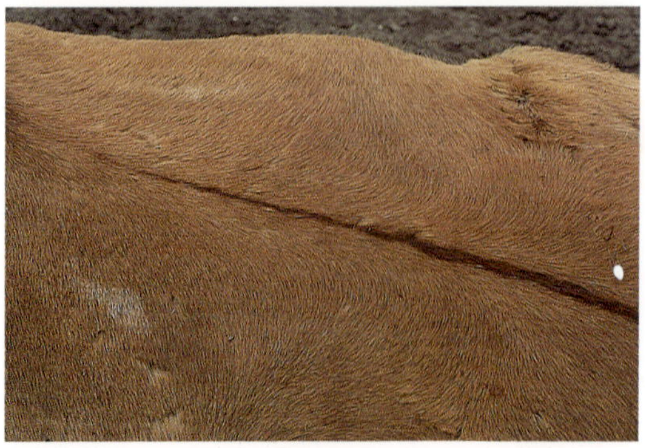

Quel ancêtre pour le cheval ?

De nombreux chercheurs ont étudié l'évolution des espèces successives du genre *Equus* à travers les multiples fossiles retrouvés dans diverses régions du monde ; ils ne sont pas d'accord entre eux pour déterminer avec certitude le véritable ancêtre de notre cheval actuel. Est-ce le tarpan, le cheval de Prjevalski, ou encore le cheval de Solutré ?

Toujours est-il qu'au fil des millénaires cet ancêtre a encore évolué, soumis à diverses transformations provoquées par les bouleversements climatiques et géologiques de la planète.

Sur le continent américain, par exemple, et pour des raisons demeurées inexpliquées, les ancêtres du cheval disparurent totalement. Les équidés n'y furent réintroduits qu'au XVIe siècle par les conquistadores espagnols. Certains d'entre eux retournèrent à la vie sauvage et engendrèrent les mustangs, dont sont issues toutes les races nord-américaines : les quarter horses, mais aussi les appaloosas et les palominos, les montures avec lesquelles les Indiens, pendant des siècles, parcoururent en hommes libres les vastes étendues sauvages de l'Ouest américain.

Durant la préhistoire, le tarpan (ci-contre) et le cheval de Prjevalski (ci-dessous) étaient répartis sur la quasi-totalité des continents européen et asiatique. L'île aux Tarpans, à Strasbourg, essaie de recréer cette race à partir des poneys konik, originaires de Pologne, qui présentent de grandes similitudes avec le tarpan. Les derniers spécimens sauvages du cheval de Prjevalski ont été capturés en Mongolie à la suite d'une expédition scientifique au début du XXe siècle.

Les grandes étapes de la domestication

Le cheval est présent aux côtés de l'homme depuis des millénaires, mais depuis bien moins longtemps que le mouton, le bœuf ou le porc. Comment l'homme est-il parvenu à l'utiliser comme auxiliaire, voire comme « outil », puis comme compagnon de loisirs ? Certainement parce que cet animal, obéissant depuis toujours à des règles de stricte hiérarchie, n'aime pas la solitude.

Ci-contre, jeune cavalier grec montant à cru un cheval de parade. Coupe du Ve siècle av. J.-C.

Tout au long du Moyen Âge, le cheval est peu présent dans les campagnes. Utilisé parfois pour le transport des marchandises, comme sur cet attelage en ligne, il est surtout réservé à la noblesse et à la guerre. Ci-dessous, détail d'une miniature d'un manuscrit français du XVe siècle.

Il est difficile de déterminer avec certitude l'époque à laquelle remonte la domestication du cheval. Pour les uns, elle daterait de 3500 av. J.-C., en Asie centrale, où l'homme, après l'avoir chassé pour sa viande, l'aurait employé pour la traction et le portage, la nourriture étant essentiellement assurée par l'élevage des moutons, des chèvres, des porcs et des bovins. Les Scythes et les Aryens l'attellent vers 2000 av. J.-C. Pour d'autres, la domestication du cheval aurait débuté en Ukraine il y a plus de 5000 ans, les peuples de ces régions désertiques ayant peu à peu remplacé les bœufs de leurs attelages par des chevaux, plus légers et plus rapides.

D'autres foyers de domestication ont dû exister parallèlement dans d'autres contrées. En France, il semblerait que l'assujettissement du cheval soit apparu dans le Sud à l'âge du bronze, il y a quelque 3000 ans, mais sans doute grâce à des animaux importés des steppes asiatiques plutôt que domestiqués à partir de troupeaux sauvages.

Attelé avant d'être monté

Si l'homme de la préhistoire ne sait pas encore tirer parti de la force prodigieuse du cheval, ses descendants apprennent peu à peu à s'attacher les services de cet animal gourmand et curieux, l'utilisant alors pour tirer des araires et des traîneaux,

dépiquer les céréales, puis pour porter, à l'aide de bâts, les marchandises les plus diverses.
Ce sont les peuples des grandes civilisations du Moyen-Orient ancien, les Hittites, les Sumériens, les Égyptiens, puis les Grecs et les Romains qui développent l'art de l'attelage. Le premier char à roues connu, qui date de 3500 av. J.-C., était très certainement destiné à la traction bovine. Les Sumériens ou les Hittites inventent le char de guerre à deux roues tiré par deux chevaux attelés côte à côte, char qui connaît des siècles de prospérité sous les civilisations égyptienne, grecque et romaine. Mais l'attelage à un cheval n'en devient pas pour autant populaire et répandu. Cela ne veut pas dire que le cheval est totalement absent du monde agricole. Depuis l'invention de la ferrure et les perfectionnements successifs du harnais et de l'attelage, le cheval est parfois utilisé pour le transport de marchandises ; on lui confie même des tâches agricoles, en particulier dans le nord de l'Europe. Mais dans l'ensemble et pendant des siècles, travaux agricoles et transport de marchandises sont principalement réservés aux bœufs, aux ânes, aux mulets… Le cheval, quant à lui, est utilisé comme moyen de transport et, plus encore, comme auxiliaire de guerre. C'est le cas notamment tout au long du Moyen Âge, où il est indissociable du chevalier, ce guerrier qui lui emprunte jusqu'à son nom. Les montures privilégiées sont alors des chevaux petits et forts, susceptibles de supporter le poids des lourdes cuirasses. À la Renaissance, il garde sa place de choix au centre des activités militaires et continue d'assurer le transport des élites, d'abord essentiellement celui des nobles, puis celui des bourgeois, au point de devenir un enjeu social entre ces deux classes.

L'examen d'un cheval au XVIe siècle. Bois gravé extrait de *Historia del genti e de la natura…*, d'Olaus Magnus, 1565.

Il faut attendre le XIXe siècle, soit peu de temps avant que le moteur ne le remplace définitivement, pour que le cheval fasse partie intégrante de la vie quotidienne des villes et des campagnes, tirant charrues et charrettes, faucheuses, moissonneuses, carrioles et cabriolets, fiacres, diligences, chalands, wagonnets de mine, limoniers ou fardiers…

Tapis, rênes et mors

Il semble que l'homme ait attendu plus de mille ans entre le moment où il commença à utiliser le cheval pour sa force et celui où il osa monter sur son dos. Les premières représentations de cavaliers datent de 2000 av. J.-C. et proviennent de Babylone. La selle n'existe pas encore et c'est sur un simple tapis rembourré, dépourvu d'étriers, que le cavalier chevauche à travers les chemins caillouteux. La route ne peut être longue – sans doute pas plus d'une trentaine de kilomètres – à cause de l'équilibre précaire du cavalier et de la fatigue qu'engendre le manque de confort. Pourtant, l'utilisation du cheval monté se développe au fil des guerres et des invasions et s'étend du bassin de l'Euphrate vers l'Égypte, l'Asie, la Grèce, Rome et le reste de l'Europe.

La manière de monter n'a alors que peu de rapports avec celle que nous connaissons ; rênes et mors apparaissent, mais ni la selle ni les étriers ne sont encore inventés. Ceux-ci nous arriveront d'Asie peu avant le début de l'ère chrétienne et seront ensuite améliorés et développés par les Arabes, pour n'atteindre l'Europe que lorsque Charles Martel les imposera à ses troupes, au cours du VIIIe siècle.

Le complice de l'homme

Dès lors, l'usage du cheval monté se répand à travers tous les continents, exception faite de l'Amérique, où il a disparu. D'auxiliaire de guerre, le cheval acquiert une place privilégiée aux côtés de l'homme, devient son compagnon de chasse et de voyage, puis son partenaire sportif. Et chaque cavalier s'ingénie à affiner cette merveilleuse complicité ; l'art du dressage se précise au fil des ans et des siècles.

Plus qu'un animal asservi, le cheval semble aujourd'hui apprécier l'espèce humaine. Sans reconnaître en l'homme un de ses congénères, il trouve auprès de lui un certain bien-être : une forme de dialogue s'établit et, en échange de soins et de nourriture, le cheval répond aux sollicitations de son complice.

À la fin du XIXe siècle et au début du XXe, le cheval est omniprésent dans les villes comme dans les campagnes, accomplissant les travaux de force et de traction les plus divers. Mais déjà la mécanisation menace son avenir.

En dehors des manifestations folkloriques et de quelques cas bien particuliers, en montagne, en viticulture biologique ou en maraîchage, il est devenu aujourd'hui bien rare de voir un cheval attelé à un outil agricole. Le cheval a perdu sa place d'animal utilitaire, mais il est devenu le compagnon de l'homme dans de nombreuses activités sportives et de loisirs.

Le comportement du cheval en liberté

Des espaces sans limites, une liberté d'action absolue, un inébranlable instinct de reproduction et de survie... ainsi vivait originellement le cheval sauvage, organisé en troupeaux très hiérarchisés. Des instincts sauvages de ses ancêtres notre ami domestiqué a conservé des traces indélébiles dont dépendent des réflexes, des peurs ou un tempérament que l'homme ne comprend pas toujours aisément...

Le cheval est un animal grégaire. À l'état sauvage, il vit en petit troupeau dirigé par le chef de famille, l'étalon. Sa quête constante de nourriture le pousse à parcourir de longues distances, ce qui use naturellement la corne de ses sabots. Brouter l'herbe de jour comme de nuit, se reproduire à la saison des amours, se reposer de temps en temps et, pour les plus jeunes, jouer en simulant des combats, voilà les principales activités du troupeau. Mais tout n'est pas si simple car il faut s'adapter au caractère de chaque membre et aux lois de la harde...

Une famille polygame

Parmi les membres du troupeau, composé de juments et de poulains, on constate des différences de personnalité. Certains chevaux ayant un tempérament plus affirmé sont dominants et d'autres, plus faibles, sont dominés. De simples couinements aigus, de petits airs menaçants en rabattant les oreilles en arrière et en montrant les dents, accompagnés, s'il le faut, de petits coups de pied sans grande méchanceté, suffisent à remettre un cheval dominé à sa place. Des affinités, des amitiés se tissent aussi entre certains chevaux, qui en profitent pour se rendre quelques services. Ainsi, quand cela les démange ou par plaisir, les chevaux se grattent mutuellement aux endroits qui leur sont inaccessibles. Pour éloigner les mouches qui les harcèlent constamment en été, ils se mettent tête-bêche, la queue du partenaire servant de chasse-mouches.

L'étalon, lui, se tient toujours un peu en retrait du groupe afin de mieux surveiller son harem et sa descendance. S'il juge qu'une jument s'éloigne de trop, il la ramènera sévèrement à grands coups de dents. Il arrive également qu'un autre danger se trame pour lui à l'horizon. Quand l'étalon, planté sur ses quatre membres, les muscles ten-

Ci-dessus, en liberté ou au pré, les juments paissent pendant de longues heures pendant que leurs poulains utilisent l'herbe à des fins plus ludiques.

Page de gauche, aujourd'hui encore, le cheval qui vit au pré adopte des comportements similaires à ceux des chevaux libres et sauvages.

Ci-contre, roulades, sauts, cabrioles et jeux de toutes sortes forment l'essentiel de l'activité des poulains. À travers ces jeux, ils miment des comportements d'adultes qu'ils vont peu à peu assimiler.

dus, flaire de ses naseaux dilatés un autre mâle au loin, il sait très bien qu'il ne s'agit pas d'une visite amicale, mais de lui prendre tout simplement sa place de maître et de reproducteur. Il pousse alors de terribles hennissements pour prévenir le troupeau, qui se met immédiatement à se rassembler. La rencontre se fera plus ou moins violente suivant la puissance de l'adversaire. Si le nouveau prétendant n'est pas de taille, il sera chassé par de simples intimidations sans gravité. En revanche, si les deux étalons sont de force égale, le combat peut être terrible. Les adversaires se jettent l'un contre l'autre en se cabrant, se mordent sauvagement, ruent de toutes leurs forces sous les yeux inquiets des juments et des poulains. Ces combats, plus fréquents en période de reproduction, peuvent causer de graves blessures.

Les poulains mâles du troupeau, âgés d'environ deux ans, seront chassés par l'étalon pour les mêmes raisons, et les pouliches partiront d'elles-mêmes, sachant qu'elles ne pourront pas être courtisées par leur père, ce qui évite ainsi une consanguinité néfaste.

Ci-dessous, en liberté, le cheval peut parcourir chaque jour des dizaines de kilomètres pour trouver sa nourriture. Éternel nomade, il n'a pas de notion de territoire.

L'apprentissage par le jeu

Le jeu tient un rôle primordial dans la vie des chevaux. Fuir, se laisser rattraper, mimer l'attaque constituent des passe-temps habituels ; ils occupent une grande partie de la journée des poulains. En liberté, leur propension à reproduire des attitudes observées chez les adultes est impressionnante : ils simulent le combat, jouent à se poursuivre, font mine de se mordre, esquissent une série de coups de pied, lancent leurs antérieurs en avant, sautent et cabriolent...

Cette aptitude à imiter que les poulains développent dès leur plus jeune âge découle directement de deux qualités essentielles du cheval : le sens de l'observation et la mémoire. En effet, pour arriver à reproduire des actes, il est indispensable, en premier lieu, d'être capable de les identifier et de les mémoriser. La mémoire, en l'occurrence, est une faculté constamment sollicitée chez le cheval : bonnes ou mauvaises expériences seront toujours gravées dans son cerveau et conditionneront ses réactions ultérieures.

Imitation, mémoire, instinct de fuite, goût du jeu sont autant d'éléments qui prendront une importance capitale dans les rapports que l'animal entretiendra avec l'homme.

Des sens aiguisés, une morphologie adaptée

Le fait que le cheval soit une proie dans son milieu naturel a favorisé le développement de certains de ses sens et d'une morphologie particulière. Il s'est donc armé à sa manière afin de

Des gestes pour langage

Le cheval, comme la plupart des animaux, utilise son corps pour communiquer. Il dispose d'un éventail de codes précis lui permettant d'exprimer différentes émotions que l'homme a tout intérêt à apprendre à reconnaître.

La queue

Relevée allègrement, la queue exprime la joie et l'excitation ; serrée entre les fesses de l'animal, elle indique l'inquiétude ou la peur.

Les naseaux

Les naseaux très dilatés signalent que le cheval est perplexe, qu'il s'interroge ; vibrants, ils révèlent une grande émotion.

Les oreilles

Les oreilles sont le reflet de l'état d'âme du cheval. Pointées vers l'avant, elles expriment l'attention ; portées vers l'arrière, elles révèlent l'agressivité, l'inquiétude ou, a contrario, l'envie de jouer. Mobiles, constamment en mouvement, presque semblables à des points d'interrogation, elles traduisent l'incompréhension.

Les membres

Un postérieur légèrement plié, avec le bout du sabot posé au sol, exprime la quiétude, le repos. Un antérieur qui gratte le sol manifeste une excitation : le cheval se prépare soit au combat, soit au jeu, soit à se rouler par terre. Un antérieur frappant furieusement le sol est le signe d'une violente colère.

Le hennissement

Le cheval hennit pour appeler, mais aussi en signe de colère ou de satisfaction, de contentement, de privation, ou encore de mise en garde. Selon le cas, le hennissement est alors court et unique, long, puissant, aigu et grave, claironnant ou modulé. Toute une gamme de sons permettent au cheval d'exprimer les émotions les plus diverses !

Ci-contre, le flehmen est une attitude caractéristique des étalons qui consiste à analyser les odeurs d'une jument en chaleur en retroussant la lèvre supérieure.

Page de droite, à l'état sauvage, il arrive que la place de l'étalon soit convoitée par un jeune mâle fougueux ; le combat s'engage alors. Au pré, les jeunes mâles reproduisent ces attitudes dans des simulacres de combat.

Ci-dessous, au pré, les chevaux se rendent service mutuellement en se mordillant et en se grattant aux endroits qui leur sont inaccessibles.

pouvoir prendre la fuite à la moindre menace. Ainsi, l'instinct de survie chez le poulain nouveau-né lui permet très rapidement de pouvoir fuir aux côtés de sa mère.

L'odorat est un sens particulièrement important chez le cheval, il va lui permettre de repérer un éventuel prédateur, de reconnaître ses congénères et, pour les mâles, de sentir les juments en chaleur à des kilomètres. Il y a également recours pour distinguer les variétés d'herbes nutritives de celles qui pourraient lui être néfastes. Ce rôle de l'odorat est plus manifeste encore au moment de la naissance. La première rencontre de la jument avec son poulain est olfactive, elle commence par l'appropriation de l'odeur du nouveau-né.

Le cheval utilise aussi le goût, qui complète l'olfaction dans l'examen de sa nourriture et de l'eau.

L'ouïe est également un sens parfaitement aiguisé chez le cheval. L'extrême mobilité de ses oreilles et la palette d'émotions qu'exprime leur position – agressivité, mauvaise humeur, inquiétude, confiance, etc. – montrent à quel point il est sensible au moindre bruit.

Sa vue, principalement utilisée pour détecter un éventuel danger, est différente de celle de l'homme. La position des yeux, latéraux et quelque peu proéminents, a des incidences évidentes sur la manière dont le cheval perçoit ce qui l'entoure. Ainsi, il possède un large champ de vision latéral et arrière, mais il est incapable de voir ce qui se passe juste au bout de son nez. Quant aux éléments latéraux et aux événements qui surviennent sur ses flancs, il les perçoit indépendamment les uns des autres, ce qui accentue son inquiétude et provoque la fuite ou l'écart, bien connu des cavaliers, du côté opposé à la cause de son trouble.

Le sens tactile est très développé chez le cheval. La sensibilité de ses sabots va lui transmettre des messages sur la nature du terrain sur lequel il évolue. Le bout du nez, très agile, ainsi que les lèvres sont également très sensibles. C'est grâce eux que le cheval va pouvoir, avec l'aide de son odorat, trier les herbes ou la nourriture qu'il préfère. La peau, elle non plus, n'est pas dépourvue de sensibilité, certaines zones étant néanmoins plus réceptives que d'autres. C'est la raison pour laquelle le cheval ne supporte pas les mouches, et encore moins les insectes qui piquent.

L'art de l'approche

Avec un cheval, douceur, patience, prudence valent mieux que force ni que rage. Le bon cavalier doit posséder toutes ces qualités pour approcher, amadouer ou soumettre un cheval à ses désirs. Mais attention aux gestes brusques, aux cris, aux corrections… car le cheval possède une excellente mémoire.

Dans toute relation avec ce beau prince qui hante l'imaginaire humain depuis des siècles, il est nécessaire de faire preuve de tact et de souplesse. Le cheval communique avec ses semblables par un langage corporel qui passe des témoignages d'affection (petites morsures, gratouilles, câlins…) au jeu (poursuites, cabrioles, sauts…) et aux mouvements d'humeur pouvant aller jusqu'à l'agressivité. Avec l'homme, il utilise les mêmes signes, que le cavalier doit apprendre à connaître.

Savoir approcher un cheval

Pour approcher un cheval dans de bonnes conditions, et sans prendre de risques, certaines règles essentielles sont à respecter. Tout d'abord, il ne faut jamais oublier que le cheval est un animal craintif, peureux. Il convient donc de ne jamais le prendre par surprise, sous peine de le faire fuir ou de l'amener à se défendre en donnant des coups de sabot. Il faut au contraire se présenter à lui en prenant garde de rester dans son champ de

Le cheval est très sensible aux gestes amicaux, aux félicitations et aux récompenses de son cavalier.

vision et en évitant de se placer complètement face à lui, les yeux dans les yeux. En effet, cette attitude risquerait d'être interprétée par le cheval comme un signe d'agressivité, une tentative de domination, voire une invite au combat.

Il est indispensable de lui parler, de préférence sur un ton ferme et volontaire, car le cheval est très sensible aux intonations. Il sait rapidement reconnaître une voix familière parmi d'autres.

Il faut également observer son attitude, apprendre à décrypter son langage corporel, qui indique son humeur et ses intentions. La position de ses oreilles est très révélatrice. Rabattues en arrière, elles montrent que le visiteur n'est pas le bienvenu… donc, prudence! Pour marquer un peu plus son irritabilité, le cheval peut très bien présenter une bouche menaçante. La queue, si elle fouaille, est elle aussi un signe de contrariété. Il est nécessaire dans ce cas d'approcher le cheval avec détermination afin d'éviter qu'il ne remette en question votre autorité.

Quand un cheval ne sait pas ce que vous lui voulez, il présente des signes d'inquiétude; ses oreilles s'agitent et il hésite entre fuir et venir vers vous. Un encouragement de la voix et une petite gâterie finiront par le convaincre.

Mais, lorsqu'à votre approche, le cheval se retourne pour vous montrer sa croupe, comprenez qu'il n'a pas du tout envie de vous voir, même si cela ne fait pas plaisir. Il pourrait même vous le faire savoir en ruant de ses postérieurs. Là aussi, prudence. Mieux vaut le convaincre que vous venez en ami, armé de friandises.

Enfin, un cheval de bonne humeur, heureux et curieux de voir du monde, dressera les oreilles vers l'avant en tendant son encolure. En liberté, il manifestera sa joie en relevant fièrement la queue.

Parfums, caresses et gratouilles

Lorsque le cheval s'est laissé approcher, c'est par l'odorat qu'il fait connaissance avec son interlocuteur. Il faut le laisser sentir vos mains, promener ses naseaux le long de vos vêtements. L'animal possède un très bon odorat et il est capable de mémoriser le moindre effluve. Un signe d'amitié, d'ailleurs utilisé par les chevaux entre eux, consiste à lui faire reconnaître votre haleine en lui soufflant doucement dans les naseaux.

Les mouvements brusques sont à proscrire, la main doit être douce, apaisante, le geste lent et pondéré. Le cheval apprécie beaucoup les caresses, les petites tapes amicales sur l'encolure, et une séance de grattage, au niveau du garrot par exemple – un endroit qu'il ne peut atteindre lui-même – sera, pour lui, une délicieuse attention.

À force de caresses et de reconnaissance mutuelle, des liens forts se tissent rapidement entre le cheval et son cavalier.

La socialisation

Le cheval possède une étonnante mémoire et une remarquable faculté d'apprentissage qui lui permettent de se situer au sein du troupeau. Pour parvenir à l'éduquer, l'homme doit savoir utiliser ces dons et, sans abuser des contraintes ni de son autoritarisme, recréer une hiérarchie calquée sur celle du troupeau.

Patience, tact et récompenses chaque fois qu'un ordre est parfaitement exécuté permettent d'enseigner au cheval toutes sortes d'attitudes qui sont à la base du dressage et des spectacles équestres.

Au début du XXe siècle, Ivan Patrovitch Pavlov, prix Nobel de physiologie et de médecine en 1904, étudia le réflexe conditionné et l'activité nerveuse des animaux, et la manière dont l'homme pouvait enseigner des attitudes à un animal, en l'occurrence le chien, au moyen de récompenses et de punitions : par un stimulus agréable – une friandise, par exemple –, il gratifiait un comportement positif alors qu'un acte désagréable pour l'animal sanctionnait une attitude non conforme à l'ordre émis…

Le débourrage d'un cheval est fondé sur les mêmes principes. Comment pourrions-nous imposer notre volonté à un animal si puissant autrement qu'en comptant sur sa capacité à attendre en échange récompense ou nourriture ? Mais cette méthode, si elle a porté ses fruits et reste toujours d'actualité, ne suffit pas : pour que le cheval nous comprenne et se plie à nos exigences, il est aussi nécessaire de prendre en compte son mode de vie originel au sein du troupeau.

Une éducation progressive

Dès le plus jeune âge, le poulain peut être socialisé. Il ne s'agit pas ici débourrage à proprement parler, mais plutôt de mise en confiance. En effet, le rapport recherché repose uniquement sur la complicité entre l'homme et l'animal. Le premier fait en sorte que le second ne soit jamais effrayé par sa présence mais, a contrario, qu'il recherche sa compagnie et ne redoute jamais ses actions. Pour cela, avec beaucoup de douceur et de patience, il lui apprend des gestes simples, comme le port du licol, la prise des pieds ou le pansage de la robe. Il lui enseigne à être mené en longe sans résistance et sans crainte. Au fur et à mesure que le temps passe, les leçons sont plus précises et de plus longue durée.

Mais ce n'est pas avant trois ans que le réel débourrage s'effectue, sauf pour les chevaux de course, qui sont débourrés à deux ans. Dès lors, il s'agit d'initier le jeune cheval, toujours avec beaucoup de calme et de persévérance, à supporter le mors et la selle, et à supporter le poids d'un cavalier. Une fois ces étapes acceptées sans résistance, une véritable formation, selon ce que le maître recherche, peut commencer : le cheval apprend à évoluer à toutes les allures à la commande, à changer de direction par le biais des rênes et du mors, à rester sage et immobile à la demande pour les soins ou le pansage, à être ferré sans broncher, à passer des obstacles de petite taille, à être attelé, etc.

Si le débourrage est bien mené, si la connivence et la confiance entre le cheval et son maître se sont installées, l'animal ne posera pas de soucis comportementaux par la suite. D'où l'intérêt évident d'écarter les techniques usant de force et de brutalité en faveur de celles utilisant la tendresse et l'intelligence : la fameuse « main de fer dans un gant de velours » qui permet au cheval de trouver sa place auprès de l'homme dans une soumission librement consentie et jamais contestée. Dans cette entente, chacun trouve plaisir, bien-être et harmonie.

L'élevage

L'élevage des chevaux, aujourd'hui, n'est pas forcément à l'image de leur nature intrinsèque. Leur essence n'est-elle pas de galoper en liberté au gré de leur humeur, de jouer avec le vent, de poursuivre leurs compagnons de troupeau dans quelque simulacre de bataille ?

Les races, souvent créées et développées dans des haras ou des élevages, ont des destinations bien spécifiques : certaines donnent de merveilleux chevaux d'extérieur, d'autres sont exclusivement consacrées à la course, d'autres encore font vibrer les spectateurs dans les arènes ou au cirque ; d'autres enfin développent des caractéristiques physiques et mentales propres à une ou plusieurs disciplines sportives. Chacune a ses propres règles orientant aussi bien le modèle que le berceau (lieu de production), et tous les sujets sont enregistrés dans un *stud-book*, sorte de livret de famille de la race.

La vie du cheval d'élevage

Ces nouvelles conditions de vie que nous imposons au cheval présentent certains avantages et inconvénients pour lui. Loin de ses habitudes originelles, il est dorénavant élevé en semi-liberté dans des espaces plus ou moins limités. Les poulinières – juments destinées à la reproduction – et leurs poulains de moins de six mois vivent généralement dans une pâture où ils profitent d'abris qui les protègent du soleil, du froid et de l'humidité. Ils n'ont plus à craindre de manquer de nourriture ni d'eau et sont soignés comme ils ne l'ont jamais été à l'état sauvage.
Les poulains sont séparés de leurs mères à l'âge de six mois et placés dans un autre enclos. Ce sevrage brutal et contre nature est vivement critiqué par les éthologues, qui conseillent de ne pas sevrer.
Le ou les étalons de l'élevage sélectionnés par l'homme sont séparés du harem et vivent seuls en box. Certains sont lâchés en liberté dans des paddocks spécialement aménagés pour eux. L'étalon ne rencontre les juments qu'au moment de leurs chaleurs et accomplit son devoir de reproducteur sous le contrôle de l'éleveur. La poulinière est, elle aussi, tenue en main par un aide et peut être entravée des postérieurs afin qu'elle ne blesse pas le mâle en ruant de désaccord. Mais cette méthode plus ou moins critiquable est souvent remplacée par l'insémination artificielle.
Cette technique, si elle est loin d'être naturelle, a l'avantage d'être moins violente, donc moins traumatisante pour certaines femelles. Elle diminue fortement le risque de transmission de maladies et permet également d'inséminer un grand nombre de juments, donc d'économiser les forces de l'étalon. La forme physique de ce dernier n'est

En France, les Haras nationaux utilisent les techniques de reproduction les plus modernes afin de conserver intacts les standards de chaque race. Ci-dessus, présentation d'un étalon au haras de Saint-Lô, dans la Manche.

La plupart des éleveurs d'équidés sont spécialisés dans une race. À gauche, un troupeau de chevaux barbes, une des races les plus utilisées pour l'équitation de loisirs.

Double page suivante, un troupeau de mustangs évoluant en toute liberté dans l'un des immenses *ranch horses* du Wyoming.

Ci-contre, dans les Pyrénées, de nombreux troupeaux de pottoks vivent encore en semi-liberté sur les flancs des montagnes couvertes de bruyères. Une cloche attachée au cou de l'un des chevaux permet de localiser le troupeau dans ces espaces qui s'étendent à perte de vue.

Page de droite, l'image de la Camargue reste associée à celle de son cheval sauvage et libre. Ce mode d'élevage en totale liberté est pratiqué sur des terres qui n'offrent que peu de ressources alimentaires. Le cheval s'est donc adapté depuis des centaines d'années aux difficultés de ce milieu.

en effet pas à négliger car, en plus de son rôle de reproducteur, il n'est pas rare qu'il poursuive une carrière sportive.

Il est cependant prouvé que ces méthodes de reproduction organisées par l'homme ont un taux de réussite moindre que la monte en totale liberté.

Lorsque l'élevage se pratique en semi-liberté, les éleveurs convoient à cheval les troupeaux d'un pâturage à l'autre. Ci-contre, un troupeau de hensons dans le Marquenterre, en bordure de la baie de Somme.

Libres troupeaux

Rares sont aujourd'hui les élevages qui privilégient la liberté la plus totale des troupeaux. Il en existe cependant.

Au Pays basque, les troupeaux de pottoks vivent quasiment à l'état sauvage à flanc de colline et de montagne. Recréant alors une véritable hiérarchie, le troupeau gagne, au gré des saisons, de la soif et de la faim, les espaces les plus propices à sa survie. Bien sûr, l'homme appose toujours son empreinte, déposant du foin lors des hivers les plus rigoureux, vaccinant et vermifugeant les chevaux pour éviter quelque épidémie, tout en respectant le besoin de liberté du troupeau. Du fait de ce contact discret, le pottok ne montre pas de signe de méfiance envers l'homme.

Bien connus, les chevaux de Camargue évoluent dans les marais du delta du Rhône parmi les taureaux. Le milieu hostile dans lequel ils vivent en fait des chevaux d'une grande rusticité. Les gardians sélectionnent au sein du troupeau les meilleurs éléments pour les utiliser dans la manade – élevage de taureau – ou les vendre à des particuliers à la recherche d'un cheval de loisirs polyvalent.

Le poulinage

Après environ onze mois de gestation, le moment de la naissance arrive... C'est une période un peu angoissante mais pleine de magie pour l'éleveur. Il est préférable, dès le début, d'habituer le poulain à reconnaître l'être humain et à accepter sa présence.

Plus de onze mois se sont écoulés depuis la saillie. Au fil des jours, la jument a pris de l'embonpoint, à peine perceptible dans les premiers mois puis soudainement nettement visible. Tous les soins d'usage lui ont été apportés et sa surveillance a été renforcée. La date approximative de la mise bas – du poulinage – se précise, et chaque jour qui passe fait croître le suspense. A priori, le poulinage devrait se passer sans assistance humaine, mais en général l'éleveur préfère ne prendre aucun risque.

Les premiers signes

La plupart du temps, les juments poulinent pendant la nuit et les éleveurs ne comptent plus les heures de veille passées dans l'attente des naissances. Certains s'endorment et trouvent, au petit matin, un poulain bien vivant déjà dressé sur ses longues jambes ! D'autres s'équipent de systèmes de vidéosurveillance sophistiqués, mais tous craignent les complications de la naissance.
L'éleveur surveille les indices signalant la proximité de la mise bas : la poulinière – la jument destinée à la reproduction – devient nerveuse, agitée, ses mamelles gonflent et laissent couler une matière cireuse qui se transformera plus tard en colostrum ; la croupe s'affaisse, la vulve se relâche et la jument relève sa queue. Chez certaines poulinières, ces signes se remarquent peu, voire pas du tout. Lorsque la mise bas est imminente, la jument est de plus en plus inquiète, elle gratte la paille de son box, tourne en rond, se couchant puis se relevant aussitôt à de multiples reprises. Sa fréquence cardiaque s'accélère tandis que les premières contractions surviennent ; le col de l'utérus se dilate et la poche des eaux se rompt.

Ci-contre, le poulain, entièrement dépendant de sa mère pendant quelques mois, va peu à peu modifier son alimentation en imitant le comportement de la jument.

Page de gauche, vers l'âge de six mois, le poulain est traditionnellement séparé de sa mère nourricière, mais cette précocité du sevrage est aujourd'hui remise en question par les éthologues.

La naissance

D'abord les sabots des antérieurs puis le bout de la tête apparaissent. Grâce aux contractions de plus en plus fortes, le poulain s'engage dans le bassin, puis sort complètement. Mais il arrive que le

Ci-contre, dès sa venue au monde, le poulain apprend très vite à se tenir debout et à se servir de ses très longues jambes.

Ci dessous, comme celle de tous les bébés animaux, la vie du poulain est rythmée par des périodes de jeu, courtes et intenses, et de longues plages de repos.

poulain s'engage mal dans la filière pelvienne, un des antérieurs demeurant replié. Le vétérinaire, ou l'éleveur, s'il est suffisamment spécialisé, peut alors le repousser dans le ventre de sa mère et déplier le membre coincé pour permettre l'achèvement d'un poulinage épuisant.

Afin d'éviter l'asphyxie, il est primordial que l'enveloppe fœtale se déchire afin de libérer les naseaux du poulain. Il est alors encore relié à sa mère par le cordon ombilical, qui va se rompre naturellement peu de temps après.

Le nouveau-né ne se met pas debout tout de suite; sa mère le lèche soigneusement pour le débarrasser de son enveloppe fœtale, pour le réchauffer et stimuler sa respiration. La délivrance (l'évacuation du placenta) se fait en principe naturellement; dans le cas contraire, le vétérinaire doit s'en charger dans les heures qui suivent afin d'éviter des problèmes infectieux. Encore fragile et malhabile, le poulain va tenter de se lever à plusieurs reprises, en trébuchant maladroitement comme s'il avait été soûlé par la naissance. Hésitant, il tente de se diriger vers les mamelles de sa mère pour téter et absorber l'indispensable colostrum riche en anticorps qui va l'immuniser durant les premiers mois.

On a constaté que les poulains mâles sont souvent moins éveillés que les femelles; ils cherchent, essaient de téter contre le mur ou la porte du box, et une intervention humaine est nécessaire afin de les diriger vers les mamelles nourricières. Ce type de comportement suscite des interrogations. Les chercheurs et les éleveurs qui se sont penchés sur ce problème ont remarqué qu'il était lié à la vie domestiquée et sédentaire des chevaux élevés en box, car à l'état sauvage les poulains mâles se débrouillent tout aussi bien que les femelles pour atteindre les mamelles maternelles. Mais ils n'ont pas su trouver, jusqu'à présent, les raisons qui expliquent cette différence d'adaptation entre mâles et femelles.

De plus en plus de naissances nécessitent aujourd'hui l'intervention humaine. Il semble en effet que, comme chez la gent canine, la domestica-

tion annihile les instincts sauvages et que l'animal – cheval, chat ou chien –, de la même manière qu'il se repose sur l'homme pour se nourrir, compte également sur lui pour l'aider lors de la mise bas.

Après la naissance

Lorsque le poulain est né, l'éleveur doit encore prendre quelques précautions élémentaires. Il faut s'assurer que le méconium – les premières selles du poulain – soit évacué normalement. Une injection d'un sérum antitétanique et antiseptique doit être faite dès la naissance. Il faut veiller à ce que l'attache du cordon ombilical, le nombril, cicatrise correctement. Enfin, et en prévision d'une sociabilisation ultérieure du poulain, il est judicieux de l'habituer dès la naissance à être touché, soigné, manipulé, caressé par l'homme. Ces gestes aisés prépareront et faciliteront fortement la complicité de l'homme et de l'animal.

Dès les premiers jours de sa vie, le poulain imite sa mère en tentant de galoper à son rythme.

Le cheval au quotidien

Pour des raisons pratiques, la majorité des chevaux de sport et de loisirs sont hébergés dans des boxes. Ce mode de vie impose de prodiguer au cheval de nombreux soins pour son bien-être. Les chevaux vivant au pré ont moins besoin de l'assistance humaine, bien qu'une certaine vigilance soit nécessaire.

L'herbe est l'aliment de base du cheval. Dans la nature, c'est même la principale composante de ses repas et l'animal, afin de choisir la graminée qui lui convient, se déplace sans cesse, se nourrissant au passage de feuilles.

La quête de la nourriture

À l'inverse des vaches, qui, comme tous les ruminants, prennent le temps de terminer leur repas, le cheval a toujours le nez par terre et digère l'herbe au fur et à mesure qu'il l'ingurgite. Plus le pâturage est pauvre, plus le temps consacré à la quête de nourriture s'allonge. En été, les chevaux peuvent brouter pendant seize heures d'affilée, ralentissant à peine leur activité durant la nuit. Aux heures les plus chaudes de la journée, ils délaissent leur quête incessante pour se mettre à l'abri sous un arbre ou près d'une haie, qui leur apportent fraîcheur et protection contre les insectes.

Mais le cheval domestiqué trouve rarement toute la nourriture qui lui est nécessaire au sein de ces espaces limités que sont le pré ou le paddock – enclos aménagé dans une prairie –, et les éleveurs doivent avoir recours à une alimentation manufacturée, dosée et élaborée en fonction des besoins de l'animal. Les fabricants d'aliments pour chevaux rivalisent d'ingéniosité pour offrir aux équidés une nourriture équilibrée, simple ou composée de savants mélanges incluant pétales de maïs extrudés, mélasse ou autres petits pois… Les rations distribuées doivent être calculées en fonction des qualités énergétiques des aliments, des activités du cheval, de son âge et de son état physique. Un poulain n'est pas nourri comme un cheval de sport en compétition, et un vieux cheval en retraite dans son pré n'a pas les mêmes besoins qu'une poulinière en gestation.

Ci-contre, pour posséder un cheval chez soi, il est absolument nécessaire de disposer d'une pâture, ou au moins d'un grand paddock, afin que le cheval puisse s'y détendre quotidiennement.

Abris et toilette

Aujourd'hui, lorsqu'il n'est pas élevé en permanence dans un pré, le cheval est généralement logé seul, dans un box. C'est un espace d'une dizaine de mètres carrés, ouvert sur l'extérieur ou

Page de gauche, le cheval nécessite des soins quotidiens. Entre la distribution de nourriture, le nettoyage du box et l'entretien du matériel, le cavalier propriétaire devra consacrer chaque jour un peu de son temps à sa monture.

Ci-dessus, certaines races de chevaux supportent de vivre au pré toute l'année, mais, même dans de grasses prairies, l'herbe se fait rare en hiver et une distribution de nourriture devient indispensable.

Page de droite, l'élevage décent d'un cheval ne se conçoit pas sans une pâture, qui lui apportera plus ou moins de nourriture, mais lui permettra surtout de se détendre.

sur une large allée centrale. Pour le confort du cheval, on dispose une litière qui l'isole du sol et absorbe ses urines. Il est indispensable que le box soit nettoyé très régulièrement afin de préserver, entre autres, la bonne hygiène des sabots. L'entretien de la litière dépend de sa nature. Si elle est composée de paille, il est conseillé de la changer toutes les semaines; et un apport journalier de paille fraîche est nécessaire car le cheval s'en nourrit. Les litières faites de lin, de chanvre ou de sciure restent propres plus longtemps à condition de retirer tous les jours le crottin et les zones humides. Quand on vide complètement le box, il est recommandé de procéder à une désinfection du sol, de la mangeoire et de l'abreuvoir.

Que ce soit dans des haras (ci-contre), dans des centres équestres ou chez des particuliers, beaucoup de chevaux vivent en box. Il est alors fondamental de leur offrir une sortie quotidienne.

En box, le cheval, exposé à la poussière et aux inconvénients de la vie sédentaire, doit être l'objet de soins constants afin que son état de santé ne s'altère pas.
Ses pieds doivent être particulièrement surveillés. Il faut régulièrement les curer et les graisser avec un onguent spécial qui nourrit et protège la corne du sabot. Ces soins permettent par ailleurs de vérifier leur état. La corne, qui pousse régulièrement, était à l'origine usée naturellement au cours des nombreux kilomètres qu'effectuaient les chevaux. Dorénavant, la venue du maréchal-ferrant toutes les quatre à huit semaines, suivant les cas, est absolument nécessaire pour le cheval vivant au box ou au pré.
Robe, crinière et queue sont fréquemment brossées, peignées, démêlées… Outre leur incidence évidente sur l'aspect physique du cheval, ces soins favorisent la circulation sanguine. Ils permettent également d'entretenir la bonne sociabilité du cheval.
Naseaux, fourreau, vulve et anus doivent aussi être souvent débarrassés de toute impureté à l'aide d'une éponge douce.

Des besoins nouveaux

Les chevaux qui profitent d'une « liberté » permanente au pré s'adaptent aux saisons en produisant plus de poils dès les premiers froids et en faisant leur mue dès le printemps. Un abri est pourtant à souhaiter pour les protéger du vent, de la pluie ou du soleil. N'oublions pas qu'ils ont besoin de suppléments de foin en hiver et qu'il faut veiller à ce qu'ils aient de l'eau.
Les chevaux vivant dans une écurie connaissent eux aussi une modification de leur fourrure, bien qu'elle soit beaucoup moins prononcée puisqu'ils sont abrités dans des boxes et généralement revêtus de couvertures spéciales dès la fin de l'été. Quand le cheval reste cloîtré, il est indispensable, pour sa santé physique et morale, de lui organiser des sorties quotidiennes d'au moins une heure – travail monté, balade, etc. L'idéal pour lui est d'être lâché de temps en

La robe et les pieds du cheval demandent des soins constants. Il est nécessaire de brosser régulièrement la crinière et la queue pour enlever les brins de paille qui pourraient s'y trouver (ci-dessus), et de curer les sabots avant et après chaque sortie (ci-contre).

temps dans un paddock. En effet, certains chevaux supportent plus ou moins bien le manque d'activité et la solitude que nous leur imposons. À cause de cela, ils adoptent de fâcheuses manies qui sont très difficiles à éliminer. Le tic de l'ours, un balancement latéral incessant de la tête, ou le tic à l'appui, le cheval avalant de l'air en appuyant sa mâchoire supérieure sur un point d'appui, sont les plus répandus. Finalement, les chevaux et les poneys qui travaillent dans les clubs équestres sont les moins touchés par ce problème car ils sont occupés en permanence et s'ennuient moins. Ils sortent plusieurs heures par jour en carrière, en manège ou en promenade, ils sont souvent logés à plusieurs dans un grand box ou lâchés ensemble au pré.

Dans les écuries, et plus encore dans les clubs ou les centres équestres, il est très rare, voire exceptionnel, de rencontrer des chevaux entiers (non castrés). Cela s'explique par le fait que ces chevaux ou poneys, poussés par leur instinct de reproduction, sont difficiles à maîtriser. Ne perdons pas de vue que les mâles à l'état sauvage se battent régulièrement. Pour des raisons de sécurité évidentes, les mâles sont donc en principe tous castrés au moment du débourrage, vers l'âge de trois ans. Ils prennent après cette opération le nom de hongres. Seuls les mâles destinés à la reproduction, les étalons, échappent à cette intervention. Les rares mâles non castrés qui ne servent pas à la reproduction sont dits entiers; ils doivent être confiés à des cavaliers expérimentés.

La vieillesse des chevaux

Malgré des années de complicité arrive le moment où il faut bien reconnaître qu'un cheval a pris de l'âge. Il va donc falloir apprendre à gérer cet état en réduisant progressivement le travail ou en ne lui faisant faire que de petites balades avant de le mettre un jour complètement à la retraite dans un pré.

On ne peut pas dire à quel âge un cheval est bon pour la retraite; cela dépend des individus, de leur

Le nom de la robe

Le mot robe, qui désigne en zoologie le pelage de tout mammifère, est plus particulièrement utilisé pour le cheval. Les couleurs et les dessins des robes se sont diversifiés au cours de l'évolution physiologique du cheval et, aujourd'hui, la grande palette des couleurs et des marques de robe dépend plus des sélections que d'un mimétisme lié au milieu.

La désignation complète d'une robe, de ses couleurs et marques diverses, sert à identifier les animaux sur les papiers officiels et relève d'un vocabulaire spécialisé et codifié. Ces règles ont été complètement refondues depuis le début de l'année 2000 par l'administration des Haras nationaux, et les descriptions des robes sont aussi complexes que peu évidentes.

Il convient en premier lieu de déterminer la robe de base, qui peut appartenir à quatre familles : noir, bai, alezan ou autre, ce dernier mot regroupant toutes les robes n'entrant pas dans les trois catégories précédentes.

• **Noir** : poils, crins et peau noirs et yeux foncés ; marques blanches autorisées.

Noir pangaré : poils fauves sur les naseaux, les flancs, les grassets, les coudes, le ventre et l'intérieur des cuisses.

• **Bai** : poils fauves et extrémités noires.

Le terme regroupe maintenant trois robes de l'ancienne classification :

– bai : poils fauves, crins et peau noirs, yeux foncés ; nuances bai clair, bai foncé et bai cerise ;

– isabelle : poils jaunâtres, crins et peau noirs, yeux foncés, avec les nuances clair ou foncé ; raies de mulet et zébrures acceptées ;

– souris : poils et crins gris cendré, peau noire, yeux foncés ; raies de mulet et zébrures acceptées.

• **Alezan** regroupe quatre robes de l'ancienne classification :

– alezan : poils et crins fauves, peau assez claire mais jamais rose, yeux foncés ;

– alezan brûlé : poils et crins semblables à la couleur du café torréfié, peau noire, yeux foncés ;

– café au lait : poils et crins de couleur café au lait, peau claire mais pas rose, yeux foncés ;

– palomino : poils fauve clair, plus ou moins dorés, crins blanc argent plus clairs que les poils, peau noire ou grise, yeux foncés et surtout pas bleus.

• **Autre** : cette dernière famille se décompose à nouveau dans toutes les couleurs, lorsque la robe ne répond pas aux critères précédents :

– blanc : poils et crins blancs, peau rose, yeux foncés ;

– gris (clair, foncé, tourterelle, truité ou moucheté) : poils et crins mélangés de blanc et d'une autre couleur ;

– crème : poils crème et crins blancs à grisâtres ;

– chocolat : poils et crins de la couleur du chocolat noir.

À ces couleurs de base viennent s'ajouter des nuances lorsque les poils sont mélangés. Par exemple, l'appellation devient noir mélangé lorsque la robe est gris fer ou gris granité ; bai mélangé lorsque la robe est rouanne ou bai granité ; alezan mélangé lorsque la robe est aubère ou alezan granité…

À ces distinctions il faut également ajouter les panachures, dans lesquelles sont classées les robes pies et les robes tachetées. Les proportions d'alternance des couleurs peuvent être variables. La robe pie est subdivisée en pie tobiano (tête majoritairement colorée, membres souvent blancs, plage blanche traversant la ligne du dessus), pie overo (tête majoritairement blanche, membres colorés, pas de plage blanche sur la ligne du dessus), pie tovero (robe quasiment blanche, quelques plages colorées), pie balzan (membres et ventre blancs), ou encore pie sabino (larges plages blanches sur le dos, le ventre et les membres, tête majoritairement blanche, contours des taches très déchiquetés, mélangés, dentelés et irréguliers).

De la même façon, les robes tachetées se décomposent en quatre catégories : léopard, tacheté, à la cape ou marmorée.

Enfin, une robe peut être rayée (rayures blanches) ou bringée (rayures noires).

Par souci de commodité, les appellations des robes utilisées dans l'ouvrage ne tiennent pas compte de cette nouvelle nomenclature très peu employée, même par les professionnels du cheval.

Les différentes robes du cheval.
Gravure extraite du *Nouveau Traité des robes*, de V. Brivet, 1844.

Les vieux poneys (ci-dessus) vivent généralement plus longtemps que les vieux chevaux (ci-dessous); ils peuvent dépasser quarante ans. Lorsque les chevaux prennent de l'âge, leurs poils ont tendance à pousser beaucoup plus, leur dos se creuse et leur robe s'éclaircit.

Page de droite, les chevaux de sport font l'objet de nombreuses attentions pour éviter les moindres blessures. L'utilisation de guêtres, de cloches, etc., permet de limiter les risques de fractures.

état général, de la vie qu'ils ont menée. Ainsi, il arrive de voir des chevaux ou des poneys âgés de dix-sept à vingt ans continuer d'effectuer un petit travail avec un physique et un moral d'acier.

Pourtant, au fil des ans, le cheval devient moins vif et rechigne à l'effort. Sa morphologie et son apparence se modifient. Outre les poils blancs qui parsèment sa robe et surtout sa tête, sa masse musculaire diminue et il maigrit. Son dos s'enselle, son garrot et les os de ses hanches deviennent proéminents. Ses dents, usées et polies, ont bien du mal à couper et à hacher la nourriture.

L'heure de la retraite a sonné. Une parcelle de pré, un bon abri et un peu de fourrage pour l'hiver peuvent lui assurer une vieillesse heureuse. Mais il n'est pas question de l'abandonner pour autant car, outre certains soins comme la maréchalerie et le maintien d'une surveillance, des visites régulières lui font toujours plaisir. Un vieux cheval peut aussi, s'il est encore en état, devenir le docile compagnon d'un cavalier débutant.

Il y a peu de temps encore, la retraite était souvent synonyme d'abattage. Heureusement, ces temps sont presque révolus. De véritables maisons de retraite pour chevaux existent aujourd'hui et il est même possible d'épargner une sorte de capital retraite, afin qu'une fois devenus vieux les animaux soient accueillis dans des centres spécialisés.

Nouveaux maîtres et chuchoteurs

Le concept ne peut qu'être séduisant. A contrario de toutes les méthodes de débourrage et de dressage des chevaux, depuis quelques années, en France et dans bien d'autres pays, on relègue force et coercition pour les remplacer par le jeu et la compréhension.

Pour communiquer avec le cheval, il faut tout bonnement savoir le comprendre..., c'est-à-dire ne pas penser « homme » mais penser « cheval ». C'est la méthode employée par ceux que l'on appelle aujourd'hui les nouveaux maîtres, ou encore les chuchoteurs, dont les enseignements ont pris le pas sur les méthodes classiques de dressage du cheval : ils ont su, dans la plupart des cas, appliquer des principes simples tirés de l'observation du comportement des troupeaux de chevaux en liberté.

Le procédé de débourrage, amplement employé depuis des lustres, était somme toute très simple. Le cavalier montait, quasiment par surprise, sur le jeune cheval, le laissait galoper jusqu'à ce qu'il s'essouffle et s'épuise à tel point qu'il n'opposait plus aucune résistance. L'animal ainsi dompté comprenait rapidement que la gent humaine était suffisamment redoutable et punitive pour éviter de s'y opposer. Puis l'habitude, l'accoutumance des gestes répétés inlassablement et quotidiennement, lui apprenait que sa liberté était à ce prix. Philosophe, le cheval en prenait son parti et se pliait sans résistance aux fantaisies de son cavalier.

Mais pourquoi donc changer une méthode qui fonctionne, pourrait-on se demander ?

Tout simplement, parce qu'il n'est plus dans les mœurs de stresser un animal dit de compagnie ou de loisirs, mais au contraire de lui apporter bien-être et équilibre autant que faire se peut. Personne ne trouve d'ailleurs rien à redire à

cette nouvelle approche de l'animal. Pourquoi crier et tempêter là où douceur et psychologie font des miracles ? Pour éduquer un cheval, la méthode la plus efficace est de rétablir artificiellement l'organisation hiérarchique du troupeau : le cheval doit reconnaître la suprématie de l'homme et le considérer comme le chef du troupeau, de sorte qu'il ne mette à aucun moment son autorité en doute. Si la moindre incertitude subsiste, la relation deviendra conflictuelle et l'autorité sera constamment remise en question.

Bien sûr, ces méthodes, avant tout théoriques, ne sont pas aussi évidentes à mettre en pratique qu'il y paraît.

La technique des nouveaux maîtres, tels Donald Newe (page de gauche) ou Andy Booth (ci-dessus), privilégie douceur et complicité pour mettre le cheval en confiance.

Page de droite, les nouveaux maîtres (comme ici Andy Booth) n'ont nul besoin de recourir à un mors, qu'ils considèrent comme un instrument violent.

Ci-contre, grâce à la technique du chuchotage, Andy Booth n'a aucun mal à faire entrer ce cheval dans le van. Pourtant, cet exercice est souvent problématique…

Ci-dessous, quand le cheval vient vers son maître par plaisir, comme il le fait ici avec Donald Newe, alors la partie est gagnée !

Des pouvoirs magiques ?

Rien ne semble nouveau finalement dans la démarche, et aucun de ces nouveaux éducateurs d'ailleurs n'emploie le mot de magie ni ne tente de faire croire à des pouvoirs surnaturels, contrairement à ce qui a pu être dit lorsque cette méthode a commencé à se faire connaître. Ils s'accordent à dire qu'ils se contentent de réutiliser une technique ancienne qui permet aux chevaux de se sentir bien dans leur tête et aux propriétaires de ne pas se retrouver face à un cheval caractériel.

Il faut dire aussi que, de plus en plus, le cheval fait l'objet de la part des cavaliers, et des cavalières surtout, de beaucoup d'attentions : il est soigné, brossé, natté, caressé, cajolé, embrassé comme l'enfant de la famille, tant et si bien, d'ailleurs, que l'animal, intelligent, comprend bien qu'il arrive à dominer la situation et à imposer sa loi. Les problèmes naissent alors, s'amplifient, se compliquent, et le propriétaire ne s'en sort plus. Alors, à ce moment-là, la technique chuchotante convient parfaitement bien à ce type de cavaliers-propriétaires qui ne voudraient pour rien au monde que leur beau cheval ne passe entre les mains brutales d'un dresseur un peu militaire et expéditif.

Quel cirque !

Une fois que le cheval se met à jouer, galoper de concert avec l'éducateur, une sorte de magie s'opère, résultat de la connivence entre l'homme et le cheval. Ce dernier ne s'effraie de rien, monte seul dans un van, s'assied à la demande, tel les chevaux de cirque qui nous font rêver. Ces derniers montent sur un escabeau, font mille galipettes, savent compter, et tout cela sans résistance et au rythme d'une musique assourdissante et équipés de pompons bariolés. Il faut bien que ces magiques destriers soient fort complices avec leur dresseur pour exécuter des tours pareils ! Personne, pourtant, ne s'émerveille des techniques de leur éducation.

Le principe de base de ce nouveau mode de communication repose essentiellement sur l'observation du cheval dans son environnement naturel. En étudiant sa gestuelle, ses attitudes, l'éducateur reproduit avec l'animal les postures, les positions d'un chef de troupeau et s'y assimile. Ainsi, le cheval ne remet pas en question

une autorité naturelle qu'il ne conteste jamais à l'état sauvage, sauf, exceptionnellement, pour prendre la place du dominant. Il suffisait d'y penser.

L'art de transmettre

Pourtant, pour pouvoir pratiquer cette méthode avec succès, il est évident que, sans avoir de talents surnaturels, il est indispensable de posséder une sensibilité particulière. Cette qualité se retrouve d'ailleurs chez quelques personnes qui les mettent à profit pour éduquer chevaux ou chiens, pour communiquer, ou plutôt communier, avec eux. La difficulté réside alors dans la capacité à transmettre ce savoir, ces compétences aux néophytes et propriétaires en difficulté. Car, si la méthode fonctionne avec un, il n'est pas évident qu'elle marche avec d'autres. Tout dépend de l'aptitude du maître à pouvoir enseigner sa méthode à ses élèves. Pour s'en convaincre, il suffit d'observer certains éducateurs canins qui transforment sans peine des chiens redoutables en compagnons doux et obéissants. L'ex-enfant terrible se retrouve ensuite au sein de sa famille d'adoption et, rapidement, redevient la même terreur. Les raisons en sont assez simples : les maîtres, après avoir appliqué les principes de l'éducateur, finissent pas reprendre les mêmes habitudes, laissent le chien reprendre la main, diriger la maison et ses habitants.

Quelle belle preuve de confiance de la part de ce cheval qui se couche devant son maître, Andy Booth du Haras de la Cense, et accepte que ce dernier se tienne si près de lui !

Tout au naturel

Le Haras de la Cense, entre autres, adhère à la méthode *Pat Parelli Natural Horseman Ship*, dont le principe est de « travailler avec la nature et non contre la nature ». Pour chaque problème posé, la réponse induit confiance, respect et compréhension. Pour les éducateurs utilisant cette méthode, les chevaux difficiles n'existent que par manque de compréhension. C'est l'homme qui complique l'animal et non le contraire.

Il est possible d'obtenir la soumission du cheval mais certainement pas par la brutalité – ou alors elle ne peut être durable. Pour les adeptes de la méthode « Pat Parelli », dans les activités de compétition (le CSO, le concours complet, etc.), le prix remporté, dans la plupart des cas, importe plus que le plaisir du cheval à participer. Le cheval ne comprend pas pourquoi il fait cela. Il a donc une alternative : soit il contre la demande, soit il la tolère et s'exécute. En général, il la tolère. Et c'est dommage car le cheval donnerait plus de lui-même s'il comprenait pourquoi il exécute ce qu'on lui demande et s'il avait plaisir à l'exécuter.

D'autres éducateurs, tel Donald Newe, préconisent également une équitation naturelle fondée sur l'observation. Pour eux, la première question à se poser est « pourquoi ? », une question de bon sens car la démarche de ne pas vouloir savoir pourquoi le cheval agit quand il embarque, mord, botte, rue, etc., est dangereuse. Il n'y a pas forcément d'astuce à divulguer aux propriétaires de chevaux mais simplement une direction à montrer. Il faut encourager les propriétaires à réfléchir et à se remettre en question.

En considérant ces démarches éthologiques, on arrive à penser qu'il n'y a pas de mauvais chevaux mais simplement de mauvais maîtres. Pour ces éducateurs « nouvelle version », il n'existe pas de chevaux nés difficiles, mais simplement des chevaux qui ont eu une mauvaise vie, qui sont mal compris et qui ont bien du mal à exister autrement. Pour communiquer avec les chevaux, ces « nouveaux maîtres » s'arment de longues cravaches munies ou non d'un drapeau à leur extrémité. Ils passent celles-ci sur tous les endroits du corps du cheval, qui ne bronche pas. Cet ustensile est pour eux le prolongement de leur bras. Ainsi, ils peuvent vérifier que l'animal leur fait confiance, qu'il ne les craint pas. Car si le cheval ne supporte pas cette contrainte, comment supporterait-il mieux un tapis de selle, une selle et, pire, un cavalier ? La force n'intervient que lorsque tous les autres moyens se sont révélés inutiles. La domination ne se traduit pas par des contraintes ou des engagements physiques, elle s'instaure naturellement, elle s'impose de fait et découle d'attitudes appropriées.

Il faut permettre au cheval de trouver sa place auprès de l'homme en lui offrant des repères qu'il sera en mesure de comprendre. Le reste, astuces humaines et autres enrênements complexes pour mettre le cheval « à sa botte », ne sont qu'un miroir aux alouettes. S'il ne veut pas se soumettre, s'il conteste la supériorité de son chef, le cheval ne sera jamais réellement le complice de l'homme, il agira sous la contrainte mais pas par plaisir. Le dressage ne doit jamais être un automatisme robotique, mais plutôt une soumission librement consentie. À l'homme de savoir la susciter et la conserver…

Lorsque le cheval accepte sans crainte que son maître, ici Donald Newe, passe sur toutes les parties de son corps un morceau de tissu, c'est que la confiance s'est installée entre le cavalier et son cheval.

LES CHEVAUX DE SPORT

Le pur-sang arabe

Le pur-sang arabe séduit et fascine… Est-ce pour sa prestance éblouissante ? Pour son histoire où se mêlent religion, guerres, invasions et légendes ou son tempérament sauvage et fier ? Le pur-sang arabe possède peut-être simplement ce charme indéfinissable et cette subtile séduction qui engendrent la passion ou suscitent l'admiration…

Combien de mythes, combien de poèmes, de textes anciens ont été conçus à la gloire de l'arabe… Ses origines remontent à la nuit des temps puisque sa présence est attestée par les archéologues aux alentours de 3000 av. J.-C. dans les déserts d'Arabie. Les Bédouins des grandes tribus isolées du monde aux confins des déserts arabiques, entre le Yémen et la Mésopotamie, assurèrent une sélection drastique et consanguine destinée à développer la beauté, la pureté et l'efficacité de l'arabe. La chasse et la guerre étaient les principales occupations de ces hommes du désert et de solides chevaux, robustes et rapides, étaient indispensables à leurs longues chevauchées. Mais la beauté et la finesse de l'animal étaient également recherchées par ces hommes épris d'esthétisme qui, au fil des ans, sélectionnaient les individus les plus rapides et les plus endurants, conservaient sous la tente une ou deux poulinières et classaient leurs origines par lignées maternelles, les étalons étant alors rares et précieux.

Rapidité, endurance et beauté

Mahomet, conscient de la valeur de cette race pour la guerre, en fait un des éléments majeurs de la conquête islamique. Le cheval s'appelle alors *arab safinah* (parfait) ou *arab jawad* (le plus généreux, le plus rapide). Décrit comme « pur de lignée, excellent à la course et parfait dans son extérieur », il apparaît en France dès le VIIIe siècle à la bataille de Poitiers.

Huit cents ans plus tard, les Européens découvrent le désert et comprennent l'importance de ce milieu pour la préservation de la pureté du sang du cheval arabe. Dès lors, de guerres en croisades, auprès des chevaliers, des seigneurs occidentaux ou des Maures, le cheval arabe commence sa prodigieuse expansion à travers le monde.

Parmi les plus grands représentants de la race, citons les très célèbres Darley Arabian et Godolphin Arabian, pères de vainqueurs en course et surtout à l'origine même de la race des pur-sang anglais dès la première moitié du XVIIIe siècle.

Bonaparte, convaincu de la supériorité du cheval arabe, fait réformer la méthode de sélection, la basant sur les étalons plutôt que sur les poulinières. Grâce à lui, de nombreux étalons arabes viennent grossir les rangs des haras, celui de

Galoper en toute confiance avec un pur-sang arabe sur une plage est pour le cavalier une source de détente et d'intenses émotions.

Ci-contre et double page précédente, aucun cheval n'égale l'arabe en beauté, dit-on. Fin et racé, à l'origine de la plupart des races de chevaux de sport, l'arabe a séduit une grande quantité d'éleveurs, peut-être pour le seul plaisir de le voir évoluer en liberté.

Le pur-sang arabe se caractérise en particulier par sa petite tête au front large et au profil camus, avec de jolies oreilles pointues et des lèvres fines.

Pompadour en tête. Mais la race s'appauvrit pourtant par la suite et ne retrouve ses caractéristiques originelles qu'à partir de 1807, grâce à Gabriel de Bonneval et au haras de Tarbes. Dès cette époque, l'arabe s'illustre brillamment sur les hippodromes du sud de la France. On l'utilise alors pour créer et affiner de multiples races, comme le pur-sang anglais puis le pur-sang français – le futur anglo-arabe –, qui le détrônent à la fin du XIXe siècle sur les hippodromes. « Pendant qu'il est temps encore, faisons tous nos efforts pour conserver au monde le type précieux du bon et beau cheval. Il est des ruines que l'on ne peut relever », prédisait en 1867 un ancien inspecteur des Haras. Heureusement, d'ardents défenseurs de la race s'investirent pour préserver de bonnes souches et remonter une jumenterie de qualité au haras de Pompadour.

C'est une histoire houleuse et perturbée que celle de ce cheval, où la main de l'homme a certainement influé autant, sinon plus, que son milieu d'origine ou son mode de vie.

Un tempérament carré

Fidèle à sa légende et à ses vertus originelles, l'arabe n'a jamais perdu l'essence même de sa race : beauté, courage, résistance, gentillesse, endurance, intelligence... Est-ce le contact rêche des hommes du désert, les rudes conditions climatiques ou encore les guerres et les croisades qu'il a menées qui ont donné à ce cheval cette étonnante capacité d'adaptation, cette résistance

Lorsque le pur-sang arabe est mis en confiance, il se révèle un cheval docile, vif et nerveux, ce qui le rend très agréable à monter pour un cavalier confirmé.

à l'effort, cette amitié pour l'homme ? Un habile cocktail de tout cela a forgé ce tempérament très particulier du pur-sang arabe : « Si on frappe le cheval arabe d'un coup imprévu et mal à propos [...] sa nature en lui s'indigne, parfois même il se révolte et se montre rétif tant il est par son propre instinct entraîné à déployer sa vitesse, sa force, sa supériorité, son ardeur à la course et aux exercices de parade, même quand on ne le lui demande pas », précise Abou Bakr, le beau-père de Mahomet et l'un de ses plus fidèles compagnons, qui lui succéda comme premier calife.

Et il est vrai que l'une des caractéristiques du tempérament de l'arabe est qu'il attend de comprendre ce qu'on lui demande pour l'exécuter. La force, la contrainte n'ont aucune prise sur lui, mais une fois sa confiance accordée, son propriétaire peut compter sur lui en toutes occasions. D'où la nécessité de consacrer beaucoup de temps à la socialisation du poulain afin d'obtenir un cheval complice, calme, sûr et fiable, sans altérer pour autant cette superbe fougue et ce tempérament hors du commun qui font de l'arabe un cheval exceptionnel.

Prêt à tout !

La morphologie, l'histoire et le caractère du pur-sang arabe lui confèrent d'étonnantes facultés d'adaptation. S'il excelle en endurance – où l'on trouve 85 % de pur-sang arabes ou de chevaux issus de croisements avec des arabes –, il fait également preuve de dispositions évidentes pour le dressage et l'équitation western. Même en concours de saut d'obstacles, il étonne par des capacités manifestes, limitées toutefois par sa taille, qui ne lui permet pas de se mesurer avec les selles français ou autres anglo-arabes.

L'hippodrome est également son terrain de prédilection, principalement dans le Sud-Ouest, où une quarantaine de courses opposent les plus véloces trois et quatre ans de France, d'Angleterre, d'Italie et des Émirats arabes unis. Enfin, l'arabe convient également à l'amateur de tourisme équestre, qui trouvera en lui le partenaire idéal pour des heures d'évasion et de liberté.

Le pur-sang arabe reste par ailleurs un merveilleux améliorateur, et de nombreuses races font régulièrement appel à lui, tant dans le monde du cheval que dans celui du poney.

Fine, ciselée, avec des ganaches bien développées et de petites oreilles très mobiles, la tête de l'arabe est facilement reconnaissable.

Fiche d'identité du pur-sang arabe

Race	Arabe
Taille au garrot	1,45 à 1,55 m
Robe	Alezane, baie, grise, noire, rouanne
Origine	Arabie saoudite
Aptitudes	Vitesse, endurance, croisements
Caractère	Vif et sensible

Le pur-sang anglais

Taillé pour la vitesse, le pur-sang anglais est le roi incontesté des hippodromes. Sa fonction première de sprinter perdure, mais cet élégant cheval révèle également des qualités appréciables dans d'autres domaines équestres.

Tous les espoirs sont permis au sujet de ce jeune pur-sang anglais… Aura-t-il une grande carrière de champion ?

Le pur-sang anglais est un cheval rapide et gracile qui trouve ses racines au XIIe siècle, à l'époque où les troupes de Guillaume le Conquérant reviennent des croisades avec des étalons arabes et barbes. Croisés avec la jumenterie anglaise locale, ceux-ci donnent naissance à des chevaux plus véloces que le cheptel britannique d'alors.

Le pur-sang anglais est reconnu comme race à part entière en 1791, lors de la création de son *stud-book* – livre des origines où sont répertoriés tous les ascendants. À l'époque, le goût des courses est tellement prépondérant que l'idée de mettre ces « formules 1 du cheval » en compétition de vitesse vient tout naturellement ! De

Fiche d'identité du pur-sang anglais

Race	Pur-sang anglais
Taille au garrot	1,50 à 1,72 m
Robe	Alezane, aubère, baie, grise, noire, parfois rouanne
Origine	Grande-Bretagne
Aptitudes	Vitesse, obstacles, croisements
Caractère	Nerveux et ardent

petite taille, les pur-sang anglais de cette époque sont rapides mais encore un peu lourds; les courses font évoluer la sélection et les éleveurs cherchent à obtenir des sujets plus légers, plus aérodynamiques.

Trois étalons, devenus légendaires, sont à l'origine de cette production : Byerley Turk à la fin du XVIIe siècle, Godolphin Arabian et Darley Arabian au début du XVIIIe. De ces trois lignées sont issus les plus célèbres pur-sang anglais à s'être illustrés sur les champs de course, Herold et Eclipse. Les membres de la jet society de l'époque apprécient beaucoup ces réunions où ils peuvent rivaliser au travers de la rapidité de leurs yearlings, de leurs hauts-de-forme pour les messieurs ou de leurs toilettes pour les dames, mode d'ailleurs toujours d'actualité dans les courses prestigieuses, à l'exemple du prix de Diane en France.

Un véritable sprinter

Bâti en véritable sprinter, le pur-sang affiche une morphologie de galopeur : longiligne, il surprend par une avant-main légèrement plus basse que l'arrière-main qui, elle, doit être puissante pour servir de moteur. En course, le pur-sang semble raser le sol tant l'amplitude de son galop est grande.

Sportif de haut niveau, le pur-sang est quelque peu fragile tant sa sélection a favorisé ses capacités de vélocité et non de résistance. Son tempérament est à l'avenant; il n'est pas question de laisser un pur-sang entre les mains, ou sous la selle, d'un débutant. Il peut être souvent « sur l'œil », c'est-à-dire prêt à s'émouvoir au premier papillon qui passe... Cependant, s'il n'a pas trop goûté aux champs de course, il peut se révéler un bon compagnon de loisirs pour qui veut bien respecter sa nature : son cavalier doit lui prodiguer des soins attentifs, sans brusquerie ni dressage en force. Il est par exemple inconcevable de laisser un pur-sang toute l'année au pré; c'est un cheval de climat tempéré qui supporte mal froid et canicule.

Outre ses dons pour la course, il s'avère compétent à l'obstacle ainsi qu'en dressage. Ces différentes qualités font de lui un cheval d'une grande aptitude au concours complet, bien que d'un caractère parfois très délicat à gérer. Le pilote doit être lui aussi très fin et délicat, mais quel régal sous la selle!

Généreux, courageux, un brin émotif peut-être, le pur-sang reste cependant le fleuron des races chevalines grâce à cette aura de prince de la vitesse qui a fait et fera longtemps rêver des milliers de fervents amateurs de courses de chevaux...

Le pur-sang anglais possède une morphologie de galopeur. Ci-dessus et double page suivante, son utilisation pour la course nécessite un entraînement quotidien très rigoureux, ici sur les pistes de Lamorlaye, dans l'Oise.

DS

L'anglo-arabe

Savant mélange de deux races – pur-sang anglais et pur-sang arabe –, l'anglo-arabe a été créé par les éleveurs français afin d'obtenir leur pur-sang national. Spécialiste du concours complet, l'anglo-arabe s'illustre dans de nombreuses autres disciplines équestres.

Appelé jadis pur-sang français pour rivaliser avec les pur-sang anglais et arabe, l'anglo-arabe est né dans les années 1820 dans le Limousin. En créant cette race, les éleveurs français souhaitaient obtenir un cheval polyvalent, capable de faire preuve de rapidité, mais aussi de robustesse et d'endurance. En croisant des pur-sang anglais et arabes avec leurs poulinières locales, ils ont ainsi obtenu des chevaux plus musclés, parfaitement adaptés à la chasse à courre, dont la pratique était très en vogue à l'époque.

Un cocktail de deux pur-sang

L'habile cocktail des deux sangs anglais et arabe – avec jamais moins de 25 % de sang arabe – a permis d'obtenir un athlète résistant, rapide et énergique. Véritable tout-terrain, l'anglo-arabe s'illustre de nos jours avec bonheur au concours complet – mélange de parcours d'obstacles, de cross et de dressage –, où il exprime toutes ses qualités de sauteur et de sprinter efficace, mais également sa puissance et sa solidité. Il excelle encore dans les concours de sauts d'obstacles, dans les courses réservées aux AQPS – autres que pur-sang – et dans les épreuves d'endurance.

Distingué, élégant, l'anglo séduit par des allures souples, une stature compacte et puissante et une tête particulièrement expressive, mais aussi par sa forte personnalité.

Ce cheval idéal et passe-partout présente toutefois les défauts de ses qualités : son tempérament peut se révéler parfois imprévisible et il a tendance à mettre à profit sa vivacité et son intelligence pour tenter de duper son cavalier. Ce trait de caractère le réserve donc à des cavaliers confirmés qui ne seront pas surpris par les entourloupes de ce cheval agile et taquin.

D'un caractère parfois instable, l'anglo-arabe est pourtant un superbe athlète, souple, rapide et puissant.

Page de gauche, nécessitant réactivité et puissance, le concours complet est la discipline de prédilection de l'anglo-arabe.

Fiche d'identité de l'anglo-arabe

Race	Anglo-arabe (français)
Taille au garrot	1,55 à 1,67 m
Robe	La plupart des robes unies
Origine	France
Aptitudes	Équitation, obstacles, concours complet
Caractère	Intelligent, agile, taquin

Le selle français

Massif, résistant et de caractère équilibré, le selle français est une belle création. Performant, en particulier sur l'obstacle, il séduit néanmoins de nombreux cavaliers, qui apprécient son endurance et son tempérament placide.

En haut, d'un tempérament calme, le selle français évoque, avec sa petite tête, sa large encolure et ses ganaches prononcées, la sérénité qui l'habite.

Page de droite, Éric Navet et le selle français Quito de Baussy à l'abord d'un obstacle au CSIO de La Baule.

Ci-dessous, sa morphologie harmonieuse et souple, sa puissance, sa croupe longue et musclée font du selle français une des meilleures races d'obstacle du monde.

Spécialiste des concours de sauts d'obstacles, le selle français a été créé de toutes pièces par les éleveurs français. Anciennement appelé demi-sang ou anglo-normand puisque issu du croisement de juments normandes et de pur-sang anglais, il a connu un grand succès. Cheval de sport par excellence, il a fait ses preuves dans de multiples disciplines et séduit de nombreux centres équestres. Grâce à lui, la France a pu accéder à des médailles olympiques. Bien que certaines races étrangères lui fassent aujourd'hui un peu d'ombre en haute compétition, le selle français possède de grandes qualités de robustesse, d'endurance et d'aptitude à l'obstacle.

Fiche d'identité du selle français	
Race	Cheval de selle français
Taille au garrot	1,55 à 1,75 m
Robe	Alezane, baie, parfois grise ou aubère
Origine	France
Aptitudes	Obstacle, concours complet, dressage, enseignement, randonnée, attelage
Caractère	Équilibré, énergique, résistant

Un cheval placide et sûr

Le selle français permet de nombreuses équitations : obstacle et dressage bien sûr, avec un cheval de grande taille et près du sang – comportant beaucoup de sang pur-sang –, mais aussi attelage, randonnée et enseignement pour des modèles plus petits et plus calmes.

Complet, polyvalent, d'un naturel calme, le selle français a encore de beaux jours devant lui. De bon format, puissant et résistant, efficace et performant, il s'adapte sans problème à tous les climats, toutes les utilisations et tous les propriétaires. De nombreux produits sont exportés et font partie d'équipes internationales de saut d'obstacles ou de concours complet. Certains reproducteurs saillissent à l'étranger et servent à l'amélioration de certaines races comme le KWPN (cheval de sport hollandais).

Waiti

Le trotteur français

Les courses de trot – attelé ou monté – sont bien sûr le domaine de prédilection du trotteur français, mais il trouve également sa place dans de nombreuses autres disciplines équestres. Un caractère docile et d'évidentes facultés d'adaptation rendent son utilisation aisée et agréable.

D'une allure scandée et terriblement mécanique, le trotteur français martèle de son trot régulier la piste des hippodromes. Derrière lui, étonnant contraste, glisse le frêle sulky, aérien… C'est l'image symbolique du trotteur français. Pourtant, si aucune autre race ne peut rivaliser avec lui pour le trot de course, il ne se cantonne pas à ces prouesses.

S'il est réformé des courses à cause de temps insuffisants, le trotteur français devient un bon père tranquille, capable d'initier sans risque un enfant ou un débutant aux joies de l'équitation. Pas trop entraîné, il peut même avoir conservé son galop naturel et révéler des capacités insoupçonnées aux concours d'obstacles ou à l'entraînement : pas de performances, mais beaucoup de courage, de régularité, de bonhomie. Dévolu à l'enseignement de la voltige, il adapte son allure, s'ingénie à la précision ; utilisé en dressage, il donne le maximum de lui-même, compensant ses allures de « dadais » dégingandé par une application consciencieuse.

Le trotteur a été souvent critiqué pour ses allures « inconfortables » dues à sa morphologie ; pourtant, il cumule une stature résistante et endurante avec un caractère stable, paisible, sympathique et jamais problématique.

Aujourd'hui, le nombre de naissances étant supérieur à la demande pour les courses, il n'est plus possible de faire naître un trotteur français sans justifier de parents ayant obtenu des résultats sportifs probants.

Ci-contre, l'extension de la race est désormais contrôlée afin d'éviter une prolifération inutile de ces chevaux essentiellement utilisés sur les hippodromes. Toutefois, le trotteur français qui ne possède pas les qualités suffisantes pour la course peut faire la joie des cavaliers polyvalents.

Page de gauche, à force d'entraînement, les trotteurs destinés aux champs de course ne savent plus courir autrement que dans cette allure à deux temps.

Fiche d'identité du trotteur français

Race	Trotteur français (ou trotteur normand)
Taille au garrot	1,55 à 1,65 m
Robe	Généralement bai brun, alezane, baie, noire
Origine	France
Aptitudes	Course de trot, équitation, dressage, attelage, randonnée
Caractère	Courage, calme, régularité

Le trakehner

Dressage, saut d'obstacles, attelage, concours complet, endurance... Le trakehner brille dans toutes les disciplines. Peu répandu encore, ce puissant allemand connaît pourtant aujourd'hui un développement bien mérité.

En haut, le trakehner est un cheval à l'encolure longue et bien attachée, à la tête expressive, au front large et à l'œil vif.

Page de droite, la docilité et l'intelligence du trakehner en font un cheval bien adapté au dressage, mais son énergie nécessite un cavalier parfaitement à l'écoute.

En France, l'élevage de ce cheval, originaire du haras de Trakehnen, en Allemagne, est surtout concentré dans le Sud et se développe lentement.

Le berceau du trakehner est la Prusse orientale, où son ancêtre était déjà présent au XIIIe siècle sous le nom de schweiken, une race descendant du tarpan. En 1732, Frédéric-Guillaume Ier de Prusse construit le haras royal de Trakehnen afin de fournir à son armée des chevaux plus maniables et rapides, correspondant à l'évolution des tactiques et des techniques guerrières. Des croisements de juments *schweiken* avec des pur-sang arabes et anglais métamorphosent alors la race. Par la suite, le développement du sport équestre entraîne un allégement plus important du modèle. Rapide et très bon sauteur, le trakehner s'illustre à la fois à l'obstacle et en concours complet ; le dressage n'a bientôt plus de secret pour ce cheval intelligent et docile et, aux jeux Olympiques de Berlin en 1936, trois trakehners se partagent les médailles. L'avenir de la race semble tracé, mais l'occupation russe lui porte un sérieux préjudice. Le cheptel ainsi diminué aurait eu du mal à survivre si des éleveurs ne s'étaient réfugiés en Allemagne de l'Ouest avec quelques-uns de leurs chevaux, reprenant en main l'élevage du trakehner.

Discipliné, talentueux, le trakehner est attachant à bien des égards. S'il s'avère un sportif accompli pour les passionnés de dressage ou d'obstacle, il est également un parfait compagnon de loisirs. L'attelage est en outre une discipline qui lui convient car il peut y exprimer toute sa puissance, sa robustesse et sa vivacité. Respectueux du travail comme de l'homme, il déploie également des qualités d'intelligence et de sociabilité fort appréciables pour le cavalier propriétaire.

Cette race, qui est encore assez confidentielle, pourrait trouver dans l'avenir une place de choix dans le peloton des champions d'équitation.

Fiche d'identité du trakehner

Race	Trakehner
Taille au garrot	1,62 à 1,67 m
Robe	Baie, noire, parfois grise
Origine	Allemagne
Aptitudes	Dressage, obstacle, randonnée, attelage
Caractère	Discipliné, respectueux, intelligent, sociable

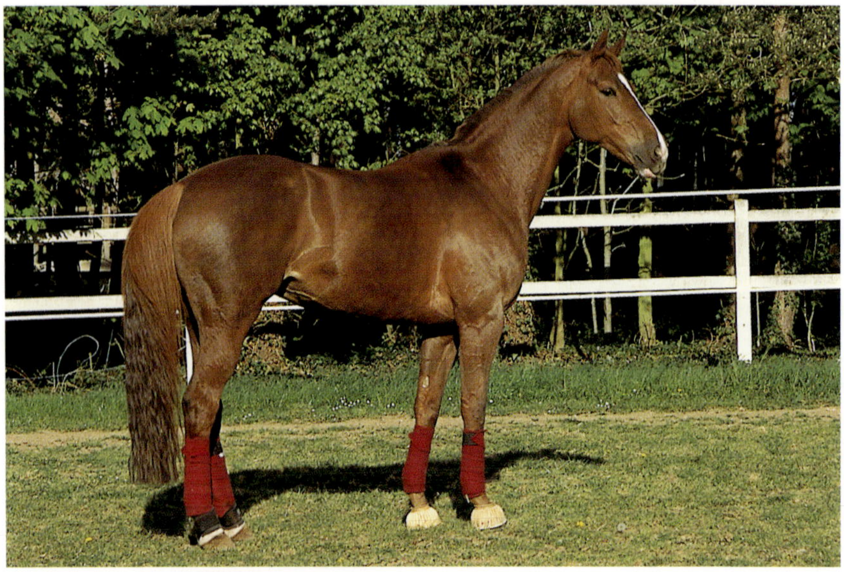

LES CHEVAUX DE LOISIRS

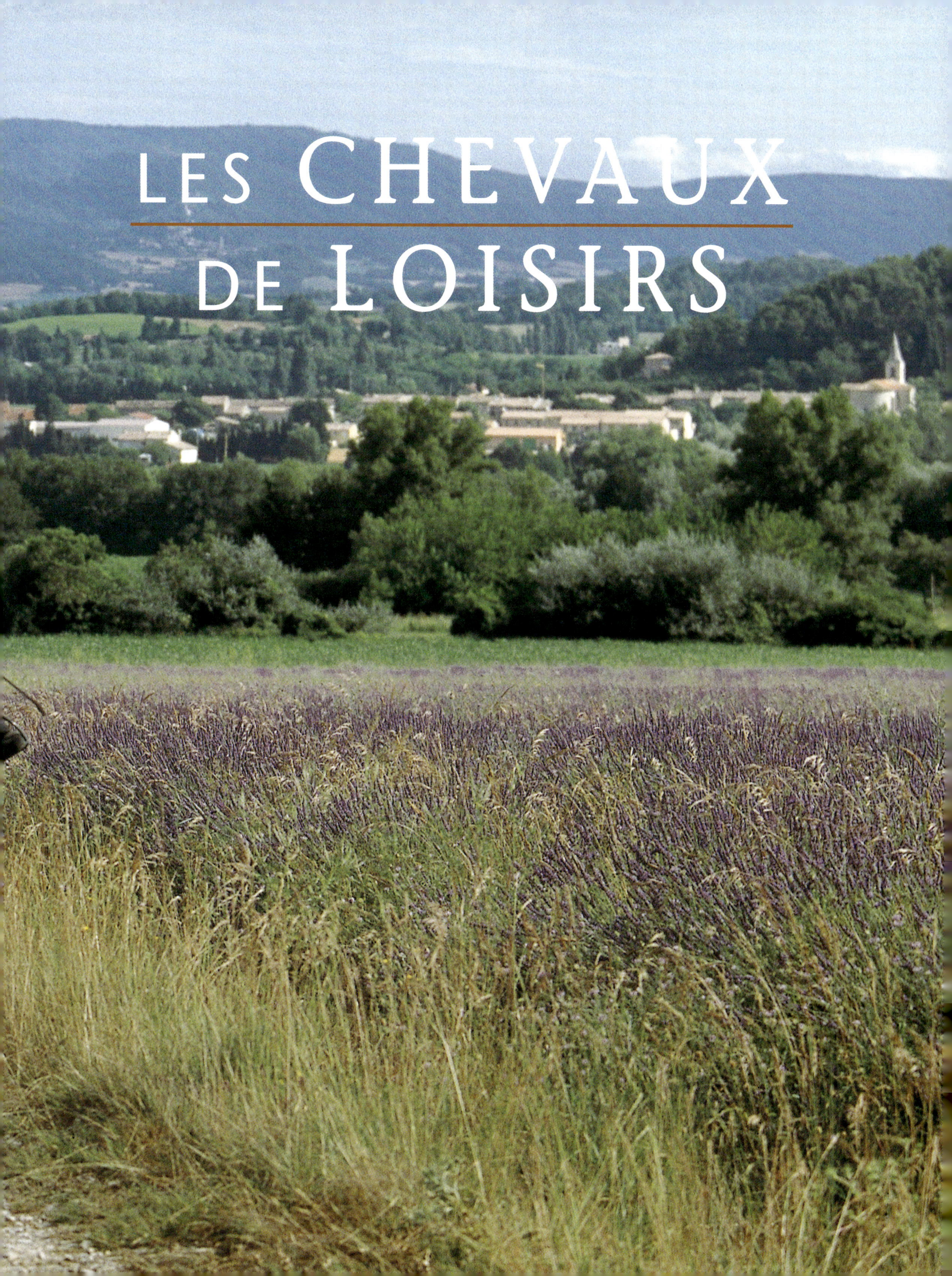

Le lusitanien

Tauromachie, dressage et haute école forment les disciplines de prédilection du lusitanien. Ce magnifique cheval aux allures souples et relevées brille également à l'attelage et dans les productions cinématographiques et télévisuelles.

Double page précédente, des cavaliers dans la Drôme, en été, au milieu des lavandes en fleur. Pour la randonnée, mieux vaut choisir des chevaux de petite taille, calmes dans leur tête et au pied sûr.

Ci-contre, autrefois utilisé comme cheval de trait par l'armée du Portugal, puis dévolu aux travaux agricoles et aux corridas à la portugaise – dans lesquelles le rejoneador combat le taureau à cheval –, le lusitanien est un des chevaux de loisirs les plus maniables.

Prestance, élégance et souplesse… Le lusitanien, cheval ibérique, est doté de nombreux atouts de séduction et d'efficacité. Véritable roi en son pays, le Portugal, le lusitanien est le fruit d'une longue et riche histoire qui l'a vu combattre avec les conquistadores, accompagner les princes et s'opposer courageusement aux taureaux en compagnie des *rejoneadores* portugais. Très proche morphologiquement de son cousin le pure race espagnol, il sait tout faire : randonnées, attelages, dressages, cascades, spectacles, il est agile dans la plupart des domaines. Son physique harmonieux et élégant le fait adopter par de nombreux gens de spectacles.

Pétillant sans être ombrageux, le lusitanien est vanté par ses adeptes pour son équilibre mental. D'une gentillesse étonnante et d'une intelligence aiguisée, il fait le bonheur de ses propriétaires, qui ne tarissent pas d'éloges sur la race. Et il est vrai que ce superbe cheval impressionne tout autant par son physique que par son caractère. Tous les cascadeurs et gens de cirque le disent : le lusitanien se dresse quasiment d'instinct. Entendons par là qu'il est aisé – à l'inverse d'autres races plus difficiles – de lui faire comprendre et exécuter ce que l'on attend de lui. Il faut croire que ce cheval aime réellement se donner en spectacle, réaliser des cabrioles ou se moquer du taureau dans l'arène...

Proche cousin du pure race espagnol, le lusitanien est un cheval particulièrement adapté à l'art équestre sous toutes ses formes.

FICHE D'IDENTITÉ DU LUSITANIEN

Race	Lusitanien (ou lusitano)
Taille au garrot	1,52 à 1,62 m
Robe	Souvent grise, mais toute autre robe unie
Origine	Portugal
Aptitudes	Randonnée, dressage, spectacles
Caractère	Pétillant, équilibré, gentil, intelligent et courageux

Le pure race espagnol

Le cheval de pure race espagnole, anciennement appelé andalou, est riche d'une longue histoire qui trouverait ses racines dès le XIIIe siècle av. J.-C. Contrairement à bien d'autres races, son type et son modèle n'auraient quasiment pas évolué malgré les nombreuses invasions de la péninsule Ibérique.

En haut, le pure race espagnol est un cheval à la morphologie extrêmement harmonieuse, et sa crinière abondante a fait « craquer » plus d'un cavalier.

Le pure race espagnol est utilisé dans son pays par les *vaqueros*, qui se servent d'une longue perche en bois – la *garrocha* – pour rassembler le bétail.

Race de prédilection pour la guerre, la haute école ou la tauromachie, le pre – comme il est couramment désigné aujourd'hui – ou genet espagnol – ainsi qu'on le nommait autrefois par référence à la *gineta*, l'ancêtre de la tauromachie – a séduit rois, princes et grands écuyers par sa prestance, sa maniabilité, son agilité. Fringant et souple coursier, il brillait dans les guerres et les conquêtes. Sa notoriété a rapidement dépassé les frontières espagnoles et il participa à la création de nombreuses races.

C'est d'ailleurs grâce à ce magnifique cheval que naquit l'équitation classique. Ainsi, un des écuyers d'Henri IV, ayant largement contribué à l'avènement de l'équitation française, écrivait de lui : « En prenant les uns et les autres tels qu'on peut les trouver en leur naturelle perfection, je mets le vray cheval d'Espagne au premier rang, luy donnant ma voix comme au plus beau, plus noble, plus gracieux, plus brave et enfin digne d'un Roy, et mesure celui d'entre eux qui naturellement est plus grand coureur. » Et Jacques de Solleysel, un autre grand écuyer, de surenchérir : « le genet a un pas superbe et hardy, le trot relevé, le galop admirable [...]; s'ils sont bien choisis, il ne se trouvera peut-être pas de cheval plus noble qu'eux. »

Comme d'autres races, ce bel espagnol fut délaissé au profit de races dites de sport mais, dans les années soixante-dix, la race prit un nouvel essor grâce à la passion d'éleveurs qui se regroupèrent en associations dynamiques. Aujourd'hui, les grands salons du Sud comme les ferias del Caballo de Jerez de la Frontera, de Séville ou des Saintes-Maries-de-la-Mer, ou encore Cheval Passion, favorisent entre autres le développement de la race, sur fond de folklore espagnol, de belles amazones aux robes fastueuses et de fêtes.

Et ces hymnes à la gloire du cheval espagnol sont loin d'être immérités : il n'est qu'harmonie ! Rondeurs et formes cohabitent avec énergie et brio, mais sa noblesse n'exclut pas la fougue et la vivacité. Avec une tête parfois très légèrement convexe, une forte encolure, une croupe arrondie et un ample poitrail, le PRE en impose. Les longs crins soyeux de sa crinière et de sa queue, bien fournies, se balancent souplement au gré de ses allures dansantes.

Si la beauté de ses lignes justifie l'engouement pour la race, la qualité de son tempérament le confirme. Voilà un cheval alliant la docilité à la fougue, le courage à la sensibilité, la gaieté à la bonne volonté. Michel Henriquet, l'un des plus grands spécialistes du dressage, dit de lui qu'il possède un « vibrato » bien supérieur à la moyenne des autres races.

Le dressage, la haute école sont ses disciplines d'élection, dans lesquelles il démontre brillamment toutes ses qualités, mais il excelle également dans les jeux traditionnels de sa patrie d'origine (*vaquero*, *doma vaquera*, *acoso y derribo*, *rejoneo*) et même dans l'attelage, où il sait mettre en valeur son brio et sa majesté. Allures aériennes, aptitudes brillantes, souplesse, équilibre, maniabilité extrême et personnalité attachante, le pure race espagnol ne manque pas d'atouts.

Fiche d'identité du pur race espagnol

Race	Pure race espagnol (andalou ou genet espagnol)
Taille au garrot	1,50 à 1,60 m
Robe	Baie, grise, noire, rouanne
Origine	Espagne
Aptitudes	Dressage, spectacles, attelage, loisirs
Caractère	Équilibré, maniable, docile, courageux, sensible

Ce magnifique cheval s'habille de divers coloris, du gris au bai en passant par le bai-brun. Seuls l'alezan et le pie n'ont pas droit de cité dans les critères de la race.

Le lipizzan

Élite de la célèbre école espagnole d'équitation de Vienne, le lipizzan fait toujours rêver les cavaliers. Sa belle robe claire et son encolure puissante et relevée lui donnent cet aspect sculptural dont l'art et le spectacle équestres se montrent friands.

Les lipizzans sont aujourd'hui enfin sauvés de l'extinction ! Cette situation critique avait été provoquée par une sélection implacable destinée à conserver toutes les spécificités de la race, par les nombreuses guerres obligeant à déplacer sans cesse le cheptel, et enfin par une épidémie d'herpès en 1983. En France, par exemple, les rares sujets encore présents ne sont issus que de six lignées d'étalons et de dix-huit juments – un cheptel bien pauvre pour espérer éviter la consanguinité ! Pourtant, de rares éleveurs s'attachent à sauvegarder la race et tentent d'éviter les croisements trop proches en important des sangs nouveaux de Hongrie.

De taille moyenne, le lipizzan séduit par sa tête jolie et expressive, dotée de petites oreilles et de grands yeux. Une large encolure, un beau poitrail et une forte croupe lui donnent une allure robuste et élégante. Si la robe blanche – elle est en fait grise – domine dans la race, les lipizzans peuvent également arborer une livrée baie ou noire.

L'histoire prestigieuse du lipizzan justifierait à elle seule un développement de la race car, s'il a côtoyé, comme d'autres, les princes et les cours royales, il fut essentiellement élevé afin de pourvoir la cavalerie de la prestigieuse école espagnole de Vienne. Peut-être a-t-il, en fait, souffert de cet excès d'élitisme.

Le lipizzan développe d'exceptionnelles qualités de maniabilité, d'aisance et de dextérité. Le dressage de haute école est bien entendu sa discipline de prédilection, mais il fait preuve de qualités équivalentes pour l'attelage et l'on peut admirer son aisance dans de nombreux spectacles équestres. Né pour séduire, ce cheval magique mériterait que bien plus de cavaliers s'intéressent à lui et s'attachent à faire perdurer sa race en mettant en évidence ses vraies qualités.

Le lipizzan est un très beau cheval, à l'œil expressif, aux larges naseaux, à la tête allongée et à la crinière abondante.

Page de gauche, cheval de haute école par excellence, le lipizzan est originaire de Lipica, près de Trieste, où sa race fut créé au XVIe siècle, lorsque la cité était autrichienne.

Fiche d'identité du lipizzan

Race	Lipizzan
Taille au garrot	1,55 à 1,67 m
Robe	Presque toujours grise, parfois blanche, baie, noire ou rouanne
Origine	Autriche
Aptitudes	Dressage, loisirs, attelage
Caractère	Pétillant, énergique, docile

Le barbe

Le petit cheval des Bédouins du Maghreb brille par sa polyvalence. Rustique, endurant, souple et maniable, le barbe est le véritable tout-terrain des équidés. Son riche passé lui a forgé un caractère placide qui le rend utilisable par tous.

En haut, une tête élégante, un profil droit, des yeux sombres et expressifs font du barbe un superbe cheval de parade.

Héraclès, arrivant au bout de la Terre, brisa les rochers et écarta les colonnes d'Hercule ; l'océan des Atlantes et la Méditerranée, trop longtemps séparés, se précipitèrent alors l'un vers l'autre et s'unirent en une titanesque étreinte. Leurs amours tumultueuses provoquèrent de gigantesques gerbes d'écume qui rejaillirent sur les rochers, les plages et les montagnes de Mauritanie. C'est dans ces paysages que naquit l'une des plus ancienne et peut-être la meilleure race du monde, et celui que l'on a baptisé au cours de l'histoire cheval punique, cheval genète, cheval numide et, enfin, cheval barbe.

Outre la belle légende de sa naissance, ce cheval se popularisa sur les champs de bataille de différents continents et participa à la création de très nombreuses races, comme l'andalou ou le pur-sang anglais. Mais c'est dans son berceau d'origine qu'il reste le plus beau : « Le cheval barbe est le fleuron des joyaux du royaume du Maroc », écrit Sid Imilchil, fervent amateur de la race, rendant ainsi un hommage mérité à ce cheval légendaire. Les avis divergent sur les origines géographiques du barbe. Certains prétendent que son berceau se situe en Asie centrale ; d'autres affirment que la race a vu le jour en Afrique du Nord. Toujours est-il que, importé ou autochtone, le barbe s'est fixé en Afrique du Nord, où les Bédouins l'élevaient principalement pour leur servir de monture à la guerre.

Comme celle de bien d'autres races équines, la morphologie du barbe a subi l'influence de nombreux croisements, mais elle a également évolué selon le biotope, la sélection humaine et l'utilisation que l'homme en a faite. Ainsi, aujourd'hui, cinq types de barbes coexistent. Le barbe des hauts plateaux – en Algérie et au Maroc –, mesurant 1,53 à 1,57 m au garrot, est harmonieux et distingué. Il arbore une tête élégante avec un profil droit et des yeux sombres et expressifs. Sa peau fine et ses crins longs et soyeux en font un superbe cheval de parade. Le barbe kairouanais – en Tunisie – atteint souvent 1,60 m, sa tête est un peu plus longue, avec des ganaches de bon volume, une arête nasale marquée et des naseaux effacés. Le barbe du djebel Amour – en Algérie – est d'une taille moyenne. C'est un « coureur d'autruches » idéal pour la course et l'endurance. Taillé à coups de serpe, il

Cheval rustique, le barbe résiste aux intempéries et se contente d'une alimentation frugale. Comme le pur-sang arabe, il a contribué à l'amélioration de bien des races.

n'a pas une morphologie très harmonieuse mais se révèle diablement efficace sous la selle. Le barbe oranais – en Algérie – est le plus petit, ne dépassant que rarement 1,52 m. Tout en rondeurs, il dégage une impression de puissance et d'harmonie. Dotée d'une crinière abondante, parfois double, son encolure est relativement courte, large et arrondie dans sa partie supérieure, une silhouette idéale pour le dressage et les spectacles équestres. Enfin, le barbe de Tébessa – en Algérie et en Tunisie – est un croisement de barbes et de pur-sang ou d'anglo-arabes. Souvent alezan, bai ou bai brun, avec de hautes balzanes, il est modelé pour la course, avec un garrot sec, une épaule de galopeur et une ample cage thoracique.

Le barbe est un cheval polyvalent. Aujourd'hui, c'est une des races les plus utilisées dans de nombreuses disciplines équestres : randonnée, polo – où il se révèle brillant – et plus particulièrement l'endurance, en raison de sa résistance, de sa robustesse et de son agilité.

Le barbe est le cheval des fantasias, ces parades de guerre berbères qui mettent en scène l'agilité des cavaliers et de leurs montures aux harnachements rutilants, chargés d'or et de pierreries.

Fiche d'identité du **barbe**	
Race	Barbe (ou arabe barbe)
Taille au garrot	1,40 à 1,57 m
Robe	Alezane, baie, grise, noire
Origine	Maghreb
Aptitudes	Randonnée, endurance, polo
Caractère	Résistance, robustesse, agilité

Le frison

Le frison nous vient du pays des tulipes et des moulins. Les passionnés d'attelage et de dressage connaissent bien ce superbe cheval altier, avec sa robe toute noire, sa longue crinière ondulée et son trot relevé, même s'il est encore peu répandu en France, et ses évidentes capacités ne peuvent qu'orienter à la hausse sa cote de popularité.

Le frison a franchi les frontières de la France dans les années soixante-dix. Facile à éduquer, obéissant et attachant, ce puissant et massif cheval hollandais à la robe d'ébène rivalise de qualités dans les plus célèbres cirques, soulevant l'admiration du public dès qu'il apparaît sur la piste en liberté ou sous la selle d'un dresseur. Mais c'est surtout en attelage qu'il excelle. Très agréable à monter, il séduit aussi les cavaliers de randonnée, qui trouvent en lui un sympathique compagnon de loisirs.

Autrefois agile destrier sur les champs de bataille, puissant tracteur de carrosses et de diligences, il a également goûté aux champs de course de trot. Peu à peu délaissé jusqu'au début du XXe siècle, époque à laquelle il faillit disparaître, le frison doit son salut à la Première Guerre mondiale, la pénurie de carburant l'ayant rendu de nouveau utile aux travaux des champs et au transport de personnes et de biens. Dévouée à la cause de cet agile et robuste cheval, la Société royale d'élevage de Hollande s'est employée, dès la fin de la Seconde Guerre mondiale, à reconvertir cette race pour le cirque et l'attelage, un choix judicieux qui a permis au frison de surmonter l'écueil fatidique de la mécanisation.

Aujourd'hui, d'ardents défenseurs du frison luttent pour que la race soit mieux connue; ce combat semble porter ses fruits puisque l'on compte de plus en plus de naissances. Mais les Hollandais tiennent fermement les rênes de l'élevage et imposent une politique stricte. Les semences pour l'insémination artificielle, par exemple, ne sont conservées que dans le berceau de la race, en Frise, ce qui oblige les éleveurs étrangers à y transporter leurs poulinières.

Fiche d'identité du frison	
Race	Frison (ou frison occidental)
Taille au garrot	1,59 à 1,63 m
Robe	Toujours noire, parfois avec une marque blanche en tête
Origine	Hollande
Aptitudes	Spectacles, cirque, attelage, randonnée
Caractère	Facile, obéissant, léger, puissant

Dans le même souci de protection, un étalon ne peut être agréé reproducteur – ou *stamboek* – que s'il correspond à des critères précis et rigoureux. Certains éleveurs privilégient pourtant des chevaux plus légers et plus grands afin qu'ils soient mieux adaptés à l'équitation moderne.

Page de gauche, outre une robe d'ébène, la crinière abondante du frison ajoute encore à la prestance de ce superbe cheval.

Ci-dessous, si l'élégance sévère de ce cheval le destine plus volontiers aux spectacles équestres, le frison brille également dans l'attelage de loisirs ou de compétition.

Le camargue

Symbole des marécages qui l'ont vu naître, le camargue vit en semi-liberté au sein de vastes manades. Expert dans la conduite des troupeaux de taureaux, ce petit cheval gris est apprécié pour sa maniabilité et son agilité. Randonneur hors pair, il séduit les amateurs d'équitation d'extérieur et de tourisme équestre.

Des langues de terre qui flirtent avec l'eau parfois saumâtre, des roseaux et quelques herbes rares, peu nutritives, de rudes conditions climatiques où alternent vents violents et chaleurs humides envahies de mouches et de moustiques... Voilà le biotope du camargue, qui a emprunté son nom à sa région d'origine. Quel autre cheval aurait su résister à ce milieu sauvage et harmonieux, étrange cocktail de farouche beauté et d'inhospitalière sévérité ?

Entre les innombrables variétés d'oiseaux qui sillonnent le ciel et les pâturages des taureaux à demi sauvages destinés aux jeux – courses de cocardes ou corridas –, les chevaux de Camargue vivent en semi-liberté. Sous l'éperon du gardian, leur rôle est le même depuis des siècles : réunir le troupeau, ramener un animal échappé, isoler un taureau sélectionné. Ces petits chevaux très porteurs au corps ramassé, à la robe grise et à la tête carrée promènent aussi les touristes de la région de leur pas calme et assuré. Leur instinct infaillible, leur vivacité, leur agilité, leur courage et leur endurance en font d'excellentes montures de randonnée.

Le camargue est également élevé en dehors de sa région d'origine, mais les puristes de la race estiment que les produits obtenus ailleurs ne peuvent développer les mêmes qualités de résistance et de rusticité que ceux nés dans les marais.

Ci-contre, petit et trapu, le camargue possède une rusticité héritée de l'environnement hostile des marais du delta du Rhône.

Page de gauche, au bord de l'étang des Impériaux, aux Saintes-Maries-de-la-Mer. Le camargue est un petit cheval de randonnée au pied sûr.

Double page suivante, aujourd'hui encore indispensable aux gardians pour évoluer dans les marais, le camargue est avant tout un cheval de travail.

Fiche d'identité du camargue

Race	Camargue
Taille au garrot	1,35 à 1,48 m
Robe	Grise
Origine	France (Camargue)
Aptitudes	Loisirs
Caractère	Vif, décidé, docile

Le mérens

Le mérens, joli cheval ariégeois à la robe d'ébène, délicieusement nommé prince noir de l'Ariège, ressemble à un frison miniature sans y être pourtant le moins du monde apparenté. Élevé à flanc de montagnes, ce cheval rustique, loin d'être resté sauvage, fait preuve d'une étonnante sociabilité.

Il faut remonter plusieurs millénaires en arrière pour trouver la trace des origines du mérens; à en juger par les peintures de la grotte de Niaux, ce petit cheval existait déjà à l'époque magdalénienne. L'homme des cavernes l'aurait utilisé très tôt, allant même jusqu'à lui passer une sorte de licol autour de l'encolure et un mors réalisé en pièces d'os, comme l'attestent certaines gravures exécutées sur des bois de cerf.

Le nom de mérens lui aurait été donné par un vétérinaire en 1866, le Dr Maury, en référence au village de Mérens, en Ariège. Là, la neige hivernale, unie aux difficultés du relief, coupait les maisons de toute communication et seul le mérens pouvait alors assurer le transport du bois et les déplacements.

Ce cheval aurait également fait partie des étalons reproducteurs des Haras royaux de Louis XV, époque où il se nommait alors noir frontalier d'Espagne. Avec les armées napoléoniennes, il aurait participé à la tristement célèbre bataille de la Berezina; c'est une hypothèse parfaitement crédible tant l'animal était adapté aux conditions climatiques extrêmes de cette mémorable retraite. La véritable sélection de la race n'a toutefois débuté qu'après 1908, puis, autour des années trente, la Sherpa – la Société française hippique d'élevage de la race pyrénéenne ariégeoise – la valorisa jusqu'à obtenir la création de son *stud-book* en 1948.

À l'instar de bien des races équines, le mérens aurait certainement aujourd'hui disparu si sa classification en poney ne lui avait permis d'être utilisé pour enseigner l'équitation aux enfants, catégorie qu'il n'a perdue qu'en 1998 pour obtenir, en toute logique, le titre de cheval de Mérens.

Avec sa tête expressive, aux petites oreilles et aux naseaux grands ouverts, son profil droit et sa belle robe noire, son dos et ses reins larges, sa croupe ronde, le mérens a bien des atouts de charme et de robustesse. À ceux-ci il faut ajouter ses extraordinaires dons de sociabilité et de gentillesse qui le rendent si agréable à vivre!

Il est parfois encore utilisé pour les travaux agricoles dans les Pyrénées centrales, mais ses qualités de rusticité, de force et de résistance le prédestinent au tourisme équestre et à l'attelage.

Fiche d'identité du mérens

Race	Mérens
Taille au garrot	1,35 à 1,47 m
Robe	Toujours noire
Origine	France (Pyrénées ariégeoises)
Aptitudes	Loisirs, attelage
Caractère	Sociable, rustique, robuste, gentil

Page de gauche et ci-dessous, classé jusqu'en 1998 parmi les poneys, le mérens trouve aujourd'hui une place justifiée auprès des adeptes de la randonnée.

Le quarter horse

Le quarter horse évoque les grandes plaines du Far West, les cow-boys et les films préférés de notre enfance. Au-delà de sa légende, le quarter horse est un modèle particulièrement réussi d'équilibre et d'harmonie morphologiques et psychologiques.

Le quarter horse séduit toutes les nations, et ce n'est pas sans raison ! Ce cheval américain allie de telles qualités de caractère qu'il ne peut laisser indifférent. Certaines lignées de cette race polyvalente sont utilisées dans des courses d'un quart de mile, d'où son nom, d'autres à l'obstacle. Toutefois, spécialiste de l'équitation western, c'est un champion d'agilité, de dextérité, de souplesse et d'équilibre. Il faut le voir virevolter, démarrer au quart de tour, galoper à vive allure puis stopper net, contourner un troupeau, le cantonner, le pousser avec détermination puis, aussitôt après, revenir au calme sans le moindre soupçon d'agitation. Rien ne l'émeut, ni le passage d'un étroit pont de bois, ni la barrière que son cavalier ouvre brusquement sans mettre pied à terre. Il accepte aussi bien l'enfant qui, malhabile, tente de faire ses premières armes sur son dos, que les ordres contradictoires et chaotiques du néophyte… C'est un véritable pédagogue, bon enfant, paisible, mais pourtant toujours prêt à se lancer dans la course !

Fiche d'identité du quarter horse

Race	Quarter horse
Taille au garrot	1,45 à 1,63 m
Robe	Alezane, baie, palomino, noire, isabelle
Origine	États-Unis
Aptitudes	Équitation western, cirque, randonnée
Caractère	Réactif, rapide, agile, intelligent, calme, respectueux

Ci-contre et à gauche, le quarter horse est un cheval solide, aux formes puissantes, à la tête courte et au front large. Son œil serein reflète son caractère parfaitement équilibré.

Le développement de l'équitation western emmène le quarter horse vers un grand succès mérité ; chacun désire s'attacher sa compagnie, que ce soit pour pratiquer cette discipline venue de l'Ouest américain, pour la randonnée, où la souplesse de ses allures est un plaisir, ou pour l'obstacle.

En France, la race se développe rapidement mais demeure sous la tutelle d'une association d'éleveurs américains qui surveille scrupuleusement le respect des critères de sélection. Et, même si cela complique un peu la vie des éleveurs français, il est souhaitable que ce contrôle perdure, afin de ne pas dénaturer la « substantifique moelle » du quarter horse !

L'appaloosa

Le cheval des Indiens a été croisé au XVIe siècle avec des chevaux introduits sur le continent américain par les conquérants espagnols. L'appaloosa, aujourd'hui fruit d'une habile sélection, est avant tout un cheval polyvalent qui possède un caractère en or.

Page de droite, léopard ou tigrée, la robe de l'appaloosa présente des taches sombres en forme d'œuf qui recouvrent partiellement ou entièrement son corps.

Les Indiens de la tribu des Nez-Percés, qui vivaient dans les vallées de Clearwater et de Snake, près de la rivière Palouse – d'où le nom du cheval –, sont à l'origine de la race appaloosa. Ce peuple sélectionnait, selon des principes stricts, des chevaux pour guerroyer et chasser. Castrant les mâles et troquant les juments ne correspondant pas à leurs critères, ils ont probablement favorisé cette livrée tachetée dans un souci de camouflage ou de décor guerrier. Ce type de robe, qui existait déjà sur le vieux continent à l'époque préhistorique, fut introduit au XVIe siècle dans le Nouveau Monde par les conquérants espagnols. Ainsi, Cortès lui-même débarqua en Amérique avec deux chevaux pie et un tacheté.

La race de l'appaloosa ne fut officialisée qu'en 1938, bien après que la tribu des Nez-Percés eut été décimée et que les Blancs eurent pris goût à ce cheval tacheté. La robe tient une place importante dans les critères de la race. Elle est appelée *snowflake* (floconneuse) lorsque des taches blanches se concentrent sur les hanches, *white blanket* (manteau blanc) ou *spotted blanket* (manteau tacheté) lorsque seules les hanches sont blanches ou tachetées. La robe peut encore être marbrée (*marble*) ou givrée (*frosted*) si elle comporte des taches blanches sur un fond de robe sombre. Enfin, elle peut aussi être léopard, les poils blancs étant parsemés de taches sombres en forme d'œuf.

L'appaloosa est un cheval puissant et particulièrement agile. Il est capable de demi-tours sur les postérieurs, de démarrages rapides, d'arrêts immédiats, de galops effrénés, passe du trot au pas en souplesse, c'est le gymnaste de la race équine. Véritable athlète, l'appaloosa affiche une musculature dense avec un large poitrail, une forte croupe et un dos court ; cette combinaison lui confère une extrême maniabilité et garantit son succès dans les cirques comme chez les amateurs d'équitation western.

Pourtant, cet étonnant indien a d'autres cordes à son arc : obstacle, attelage, dressage sont des domaines où, aux États-Unis, il sait défendre sa place.

Ci-contre, le caractère de l'appaloosa demeure conforme à celui de ses ancêtres indiens : réactif et calme, rapide et agile, intelligent et respectueux de son cavalier. Un véritable cheval d'Indien !

Fiche d'identité de l'appaloosa

Race	Appaloosa
Taille au garrot	1,47 à 1,60 m
Robe	Totalement ou partiellement tachetée
Origine	États-Unis
Aptitudes	Équitation western, cirque, randonnée
Caractère	Réactif, rapide, agile, intelligent, calme, respectueux

Le criollo

Descendant des chevaux barbes et andalous importés par les conquistadores, le criollo, ou cheval créole, retourna à l'état sauvage avant d'être utilisé et élevé par les Indiens de la pampa, les gauchos, et les armées des colons européens. Aujourd'hui, il est encore la monture traditionnelle des péones pour le travail du bétail et les déplacements.

Le criollo est un descendant direct des chevaux importés au Nouveau Monde par les Espagnols au XVIe siècle, notamment en 1535 par don Pedro Mendoza, fondateur de la ville de Buenos Aires. Au terme des batailles, ces chevaux ont été abandonnés et sont retournés à l'état sauvage dans les grandes plaines sud-américaines, développant ainsi une rusticité peu commune. Les Indiens puis les gauchos ont fait ensuite de ces chevaux sauvages leur moyen de transport, leurs auxiliaires pour la chasse ou le travail.

Appelé criollo en Argentine et en Uruguay, *crioulo* au Brésil, *costeño* et *morochuco* au Pérou, *corralero* au Chili et *llanero* au Venezuela, le cheval de la pampa a été admis au *stud-book* argentin en 1918. De même, la morphologie de ces chevaux varie légèrement suivant leur environnement d'origine et les coutumes d'élevage. Ainsi, les *corraleros* chiliens sont plus robustes et plus lourds que les criollos de l'Est. Cependant, les éleveurs d'Argentine et d'Uruguay sont plutôt réticents à toute évolution du standard officiel.

Fiche d'identité du criollo	
Race	Criollo
Taille au garrot	1,42 à 1,53 m
Robe	Toutes couleurs admises, même les zébrures sur les jambes et le garrot; présence fréquente de la raie de mulet
Origine	Argentine
Aptitudes	Polo, loisirs, randonnées, obstacle
Caractère	Courageux, résistant, ténace, maniable

Ci-dessus, la robe du criollo peut s'afficher en diverses teintes : *tostado, gateado, tordillo*, etc.

Plus de cent teintes et sous-teintes permettent de classer les robes des criollos, et chacune est désignée par un terme différent. Ainsi, la *capa* (la couleur dominante de la robe du cheval) peut être *alazán, tostado, tordillo, bayo, gateado*, etc., alors que le *pelaje* (les poils) peut s'appeler *malacara, picazo, pempa*, etc.

Le criollo, cheval résistant, frugal et solide, est une monture rapide et capable de supporter les pires conditions. Sa maniabilité légendaire le fait rechercher particulièrement pour le polo, mais sa faculté d'adaptation aux situations les plus difficiles, sa rusticité, son courage et sa générosité le font apprécier pour toutes les équitations de loisir, de sport et d'aventure. Pour les Argentins, le criollo est indispensable : sans l'animal, sa bride et sa selle, le gaucho ne se considère pas comme un homme…

Page de gauche, le criollo est un cheval apprécié des cavaliers et des sportifs pour son caractère courageux, généreux et très équilibré.

Le paint horse

Comme chez le pinto, tout est question de couleur de robe chez le paint horse. En fait le paint n'est autre qu'un quarter horse coloré ; mais attention, la couleur de la robe doit répondre à des critères précis ! Et, au-delà de sa livrée originale, le paint horse est un excellent cheval, équilibré, actif et performant.

Page de droite, le paint horse, dont l'apparence proche de celle du pinto fait qu'on les confond souvent, est en fait un quarter horse de couleur.

Ci-dessous, avec l'appaloosa et le quarter horse, le paint horse est particulièrement apprécié en équitation western. En France, étrangement, il n'est pas reconnu par les Haras nationaux.

Les ancêtres du paint horse étaient certainement des ponettes indiennes de couleur pie, croisées avec des quarter horses. Ce cheval typiquement américain est sélectionné uniquement sur sa robe pie, qui se décline sous deux appellations, *tobiano* ou *overo*, selon l'importance et la localisation des zones blanches sur une robe de base baie, alezane ou noire.

Comme le quarter horse, le paint horse est d'une constitution robuste, avec un dos court et une croupe puissante et musclée. Les *tobianos*, une variété de paint horse, se caractérisent par des marques blanches sur la tête et des membres généralement blancs ou avec des balzanes haut chaussées, c'est-à-dire remontant très haut vers la naissance des membres. Le contour des taches est net et bien dessiné. Le dos est blanc et les taches de couleur couvrent les flancs. Les crins sont bicolores. Les *overos*, quant à eux, ont de larges marques blanches en tête, et les taches blanches sur le corps ne sont ni nettes ni régulières et souvent disséminées ou en forme d'éclaboussures ; elles partent du ventre sans jamais atteindre ni le dos ni la queue. Souvent, au moins un des membres, parfois les quatre, est de couleur foncée et la tête pie avec un ou les deux yeux bleus ; la crinière est unicolore. Compte tenu des nombreuses variétés de cette race, les Américains, afin de définir les différentes robes du paint, ont créé des termes – *tobiano* et *overo*, bien sûr, mais aussi *sabino*, *tovero*, *splashed white*, *rabicano* – qui précisent si les marques sont telles des éclaboussures, si le blanc l'emporte sur la couleur de base ou le contraire, etc.

À sa robe magnifique le paint horse associe les qualités physiques et mentales du quarter horse : doux et gentil, il est également maniable, puissant et vif dans ses démarrages comme dans ses arrêts. Attentif aux demandes de son cavalier, le paint horse est un cheval très attachant, proche de l'homme, qui peut aussi bien être monté par les adultes que par les enfants. En résumé, le paint horse possède tous les dons du quarter horse avec une superbe couleur de robe en plus !

Fiche d'identité du paint horse

Race	Paint horse
Taille au garrot	1,45 à 1,60 m
Robe	Tachetée avec des dispositions qui varient selon la classification de la robe
Origine	États-Unis
Aptitudes	Équitation western, loisirs
Caractère	Intelligent, docile, vif, courageux

Le henson

Un éleveur amoureux de sa région imagine un cheval issu d'un nouveau croisement et voilà, à force de sélections et de volonté, un cheval rustique, le henson, adapté à son berceau d'origine, la Somme, le littoral picard et, plus précisément, le domaine magique du Marquenterre.

Pour qu'une race équine puisse évoluer en toute aisance dans un pays où sables et marécages se marient à chaque pas, la rusticité est de mise. C'est le constat qu'ont fait, il y a plusieurs années, Lionel Berquin et son frère Marc, qui ont imaginé de croiser des fjords avec des juments locales. Résultat de la sélection drastique et tenace des frères Berquin et des cavaliers de la baie de Somme, la race du henson a été reconnue officiellement pendant l'été 2003.

Véritable athlète, ce cheval fait montre d'un influx nerveux très appréciable pour les randonneurs, mais son efficacité, sa volonté et sa maniabilité le prédisposent également à briller en endurance, en horse-ball et en attelage.

Ce puissant cheval toisant environ 1,55 m s'habille d'une fort jolie robe isabelle aux nuances plus ou moins foncées, dotée d'une raie de mulet et d'une crinière noires dans la plupart des cas ; parfois, celles-ci peuvent également être fauves. La tête, très originale, de taille moyenne avec un chanfrein légèrement concave, présente des yeux effilés, bordés de noir, et des naseaux au pourtour plus clair. L'encolure, puissante et large à la base, s'affine à l'attache de la tête. Les membres, osseux, avec des attaches fortes, se terminent par de larges pieds à la corne noire.

Si au début de la création de la race on pouvait observer des différences de type, aujourd'hui le modèle du henson est parfaitement stabilisé, et ce joli cheval donne bien des raisons aux cavaliers d'être séduits par lui. Son tempérament est celui des équidés vivant en troupeau. Naturellement social, il recherche la compagnie de l'homme et s'entend parfaitement bien avec ses congénères. Curieux et intelligent, il s'éduque très facilement et s'adapte volontiers à toutes les situations. Ce cheval rustique et placide demande peu d'entretien. Voilà de nombreuses raisons pour que le henson ait sa place au rang des belles races françaises de chevaux.

Ci-dessus, élevé sur les étendues sauvages de la baie de Somme, dans le nord de la France, le henson est un petit cheval rustique.

Page de gauche, le henson est avant tout un cheval d'extérieur exceptionnel que rien ne rebute.

Fiche d'identité du henson

Race	Henson
Taille au garrot	Environ 1,55 m
Robe	Isabelle plus ou moins clair avec des crins noirs ou fauves
Origine	France (baie de Somme)
Aptitudes	Vitesse, endurance, croisements
Caractère	Vif, sensible

LES PONEYS

Le haflinger

Le haflinger – ou avelignese – est un mélange de force et de douceur. Ce beau poney tyrolien à la robe dorée et aux crins tout blonds peut sans problème supporter le poids d'un adulte. Sa morphologie à la fois puissante et élégante convient parfaitement à l'attelage.

Double page précédente, dans les pâtures de leurs montagnes originelles, les poneys haflingers s'accommodent parfaitement de la neige et du vent.

Ci-dessous, avec sa crinière blonde et sa robe alezane, le haflinger est la star des poney clubs.

Résultat de croisements entre de robustes juments autrichiennes et des pur-sang arabes, le haflinger était élevé jadis dans le seul but de fournir des chevaux de bât aux armées. Au fil des ans et des sélections, sous le contrôle des militaires puis du Syndicat d'élevage du haflinger, les standards de la race se sont affinés. Ses noms – haflinger ou avelignese – proviennent de son lieu d'origine, un petit village du Tyrol nommé Hafling qui fut tantôt autrichien, tantôt italien, d'où les changements d'appellation du cheval local.

Les haflingers actuels descendraient tous d'un étalon né dans le val Venosta en 1874, nommé Folie, produit d'une jument locale et d'un étalon arabe du nom d'El Bevadi. Après la dernière guerre mondiale, vers 1947, ce poney fit l'objet d'une sélection sévère qui contraignit les propriétaires à confier leurs poulains mâles à un centre d'élevage, où ils subirent de multiples tests de sélection afin de déterminer s'ils possédaient les qualités requises pour devenir des étalons de la race haflinger. Cette politique draconienne écarta de la reproduction plus de cent familles de juments qui affichaient une taille trop petite et ne justifiaient pas des origines maternelles requises.

Cet adorable poney possède des yeux vifs et intelligents, un corps puissant, une robe alezane réhaussée de crins lavés – une belle crinière et une queue toutes blondes – et une grande générosité au travail. Il est très présent en attelage et dans les centres équestres, mais il fait aussi le bonheur des cavaliers d'extérieur.

Fiche d'identité du haflinger

Race	Haflinger (ou avelignese)
Taille au garrot	1,42 à 1,49 m
Robe	Alezane et crins lavés
Origine	Autriche/Italie (Tyrol, haut Adige)
Aptitudes	Attelage, loisirs
Caractère	Maniable, résistant, docile

Le dartmoor

C'est de sa terre d'origine, couverte de landes de bruyères et de tourbe, située dans le sud-ouest du Devon, en Angleterre, que le dartmoor tient son nom. La rudesse de cette région dans laquelle il vit depuis des siècles a fait de lui un poney d'une incroyable rusticité.

Autrefois, le dartmoor n'avait pas une vie de tout repos. Destiné à tirer les wagonnets dans les mines de charbon, il a été croisé avec des shetlands dans le but d'obtenir des poneys de petite taille. Élevé ensuite pour sa viande, le dartmoor a été croisé, dans un deuxième temps, avec des chevaux plus grands. Puis, afin de sauver la race et de le rapprocher le plus possible de son type d'origine, il a été de nouveau croisé, entre autres, avec des welsh mountains, des fells et des pur-sang anglais. L'apport de sang arabe a également contribué à l'amélioration de la race.
Aujourd'hui robuste et résistant, ce poney arbore une taille maximale de 1,27 m au garrot et se distingue par une petite tête très racée avec de fines oreilles toujours en éveil. Ses grands yeux lui confèrent un air très doux qui est révélateur de son caractère. Toutes les robes sont acceptées par les critères de la race à l'exception de la couleur pie.

FICHE D'IDENTITÉ DU DARTMOOR	
Race	Dartmoor
Taille au garrot	1,24 à 1,27 m
Robe	Toutes les robes sauf pie
Origine	Grande-Bretagne (Devon)
Aptitudes	Obstacles, attelage, loisirs
Caractère	Gentil, vif, docile

Les marques blanches sont tolérées si elles sont peu nombreuses, sans être toutefois recherchées.
Plein de bonne volonté et actif, le dartmoor se montre également d'une extrême gentillesse et d'une grande docilité. Attelage, concours complet, saut d'obstacles ou balades lui conviennent parfaitement.
C'est un poney polyvalent et terriblement attachant, que les enfants apprécient tout particulièrement.

La petite taille du dartmoor le destine à l'équitation pour enfants, mais sa puissance lui donne accès aux attelages et lui permet de bien se placer en compétition de saut d'obstacles.

Le poney français de selle

Voici une pure création, initiée en 1970 pour répondre à la demande d'un poney polyvalent, capable d'allier un modèle agréable à des performances réelles, tant pour l'obstacle que pour le dressage, l'endurance, l'attelage ou la randonnée... En fait, c'est le poney idéal. Mais la création d'une nouvelle race est délicate et le résultat parfois aléatoire !

Il était tentant de cumuler les qualités spécifiques à toutes les races de poneys et de les rassembler sous la coupe d'un unique animal, comme cela a déjà été fait avec les chevaux lors de la création du selle français. Le poney français de selle est donc né du croisement de juments connemaras, new-forest, welsh, mérens ou pottoks avec des étalons arabes, connemaras, new-forest ou welsh.

Ce poney présente ainsi de nombreuses qualités évidentes, mais la race n'est pas d'une parfaite homogénéité, à tel point qu'un standard unique n'a pu être réellement défini. Cela n'atténue ni ne remet en question tout le travail de sélection réalisé par les éleveurs pour créer ce poney polyvalent qui brille dans de nombreuses compétitions d'équitation, d'obstacles ou d'attelage. Mais la sélection, trop hâtive pour certains sujets, mal conduite pour d'autres, peut mener à des imperfections d'ordres divers, soit morphologiques, soit psychologiques, ce qui est plus fâcheux.

Une sélection bien menée évince peu à peu les animaux perturbés, mais, comme pour toutes les nouvelles races, le poney français souffre parfois d'un tempérament un peu trop vif. Toutefois, tous les efforts des éleveurs tendent à obtenir un joli modèle, au corps bien proportionné, avec une large poitrine – en somme, un véritable cheval de selle en modèle réduit.

Fiche d'identité du poney français de selle

Race	Poney français de selle
Taille au garrot	1,24 à 1,47 m
Robe	Toutes les robes
Origine	France
Aptitudes	Toutes les disciplines
Caractère	Vif, énergique

Ci-dessus, les variations morphologiques du poney français de selle sont encore telles qu'aucun standard définitif n'a été retenu pour caractériser cette nouvelle race.

Page de gauche, énergique et équilibré, cette race de poney ne se différencie du cheval que par sa petite taille.

Ci dessous, créé pour la compétition, le poney français de selle remportera-t-il le succès de grand frère, le cheval de selle français ?

Le new-forest

Le nom de new-forest est celui d'une forêt située dans le sud de l'Angleterre, entre Southampton et Bournemouth. Au cours des siècles, cette région de marécages, de landes et de bois a façonné un poney rustique qui a conservé, malgré une sélection orchestrée par l'homme, toute son authenticité.

En haut, douceur et docilité alliées à une vive intelligence font du new-forest un poney extrêmement attachant.

Ci-dessous, le new-forest est souvent bai, parfois gris ; poney équilibré, amical, doux et courageux, il convient parfaitement aux enfants, pour l'initiation comme pour la compétition ou la randonnée.

Le new-forest est également appelé forestier, sans doute parce qu'il vit en toute liberté dans ces forêts du sud de l'Angleterre depuis le XIe siècle, lorsque Guillaume le Conquérant y créa une réserve de chasse. Les poneys autochtones se multiplièrent alors de manière quelque peu anarchique, et ce n'est qu'au XVIIIe siècle que les hommes décidèrent d'utiliser et d'améliorer ce cheptel sauvage. Croisé avec diverses races, d'abord avec des étalons arabes puis, vers 1890, sur l'initiative de lord Arthur Cecil, avec des étalons highland, fell, dartmoor, exmoor ou encore welsh, le new-forest va peu à peu parvenir à son modèle actuel.

Fiche d'identité du new-forest

Race	New-forest
Taille au garrot	1,20 à 1,47 m
Robe	Toutes les robes sauf pie blanche ou crème ; souvent baie
Origine	Grande-Bretagne
Aptitudes	Dressage, obstacle, attelage, randonnée
Caractère	Équilibré, docile, courageux

La race est encore hétérogène malgré l'établissement d'un standard – son *stud-book* date de 1960 –, mais les derniers croisements ont été judicieux car le new-forest est aujourd'hui un poney intelligent, docile et particulièrement doux avec les enfants. En France, il fait son apparition dans les années cinquante et séduit rapidement les cavaliers par sa gentillesse et ses aptitudes pour toutes les disciplines équestres.

D'une taille minimale de 1,20 m, le new-forest peut se parer de toutes les couleurs de crins, mais sa robe ne doit pas être pie, blanche ou crème. Les marques blanches sont acceptées sur la tête et sur les jambes. Bien dans sa tête, docile, loyal et courageux, le new-forest fait le bonheur des jeunes cavaliers, en initiation aussi bien qu'en compétition ou en randonnée.

Ci-contre, les très nombreux croisements imposés à la race au fil de l'histoire ont abouti à un poney courageux au caractère stable.

Le pottok

Authentique montagnard originaire du Pays basque, où il vit en quasi-liberté sur des collines couvertes de fougères, le pottok est un poney rustique très agile qui doit à son mode d'élevage une robustesse à toute épreuve, ainsi qu'une maniabilité et une docilité très appréciées.

Originaire du Pays basque espagnol, le pottok ne doit la survie de sa race qu'à son inutilité. En effet, ces poneys sauvages étaient jadis chassés des riches vallées afin qu'ils ne paissent pas dans les verts pâturages. Repoussés avec vigueur, ils s'isolèrent dans les montagnes basques où, entre bruyères, fougères et genévriers, ils se contentèrent d'une pauvre nourriture, tandis que le climat rigoureux d'altitude leur fit acquérir une robe épaisse et une santé robuste. Par la suite, pour éviter que les *pottokak* (comme les appellent les Basques) ne redescendent dans les vallées, les villageois leur posèrent des entraves et entaillèrent leurs oreilles d'encoches afin d'identifier leurs propriétaires. Ces derniers allaient chercher les animaux dont ils avaient besoin en fonction des travaux agricoles, puis les relâchaient.

Plus près de nous, deux associations d'éleveurs ont géré le développement de cette race dans des optiques différentes. L'une s'est attachée à préserver le type originel, élevé en liberté sans apport de nourriture, afin de conserver la spécificité et la résistance du pottok de jadis : en ont résulté les deux types Larre Pottoka (montagne) et Pottoka (vallée). L'autre a favorisé les croisements avec d'autres races (pur-sang arabe et welsh) et a préconisé d'abriter les poneys dans les vallées pendant l'hiver ou de les élever en dehors de leur milieu naturel ; le type correspondant se nomme Pottoka Berria. Ainsi trouve-t-on aujourd'hui encore, au Pays basque, des pottoks aux caractéristiques, aux robes et aux tailles différentes, mais la fusion de ces deux associations devrait aboutir à la définition d'un standard unique.

Le pottok a toutefois conservé sa robustesse et sa résistance ancestrales. Très agile, il s'avère un compagnon idéal pour la balade en montagne, où les passages les plus escarpés ne l'effraient pas. Il développe également une grande habileté au saut sur les parcours d'obstacles et de réels talents pédagogiques pour l'enseignement de l'équitation aux enfants. Ces qualités ont fait de lui une des souches du poney français de selle.

Ci-dessus, la robustesse du pottok en fait le compagnon idéal pour la randonnée en montagne.

Page de gauche, une simple clochette accrochée au cou d'un poney permet de localiser les troupeaux de pottoks élevés en quasi-liberté au flanc des montagnes basques.

Fiche d'identité du pottok

Race	Pottok
Taille au garrot	1,15 à 1,47 m
Robe	Alezane, baie, pie, noire
Origine	Pays basque
Aptitudes	Randonnée, obstacles, loisirs
Caractère	Équilibré, robuste, résistant

Le fjord

Le fjord est un pur produit de la Norvège, compagnon des redoutables Vikings. Avec sa jolie livrée isabelle, son originale crinière d'Iroquois composée de crins bais et blancs mêlés et sa raie de mulet, ce poney a une silhouette très originale. Son tempérament équilibré, son caractère calme et doux en font l'un des compagnons préférés des jeunes cavaliers.

Page de droite, puissant mais docile, porteur et placide, rustique et résistant, le petit fjord peut être monté par tous les membres de la famille.

Ci-dessous, le fjord possède encore les marques de ses ancêtres primitifs : une raie de mulet qui parcourt le dos et de légères zébrures sur les membres.

Le fjord ressemble un peu au cheval de Prjevalski ou au tarpan, dont il est probablement l'un des descendants directs, avec ses zébrures originales sur les membres et sa ligne de poils plus foncés reliant le garrot à la naissance de la queue. Le fjord a traversé les siècles sans que sa morphologie accuse la moindre transformation ; il est aujourd'hui identique à ses aïeux que les Vikings embarquaient sur leurs drakkars pour conquérir et piller de lointaines contrées.

Dans son pays natal, le fjord était autrefois utilisé comme bête de somme, monté, sellé ou bâté. Il transportait des marchandises en de longues caravanes composées parfois de plusieurs centaines de poneys, il participait aux divers travaux agricoles ou tirait de lourds chargements dans la pénombre des galeries de mines.

Fiche d'identité du fjord

Race	Fjord (ou fjording)
Taille au garrot	1,35 à 1,47 m
Robe	Isabelle, crins noirs, raie de mulet
Origine	Norvège
Aptitudes	Randonnée, attelage, loisirs
Caractère	Docile, calme, rustique, résistant

Le fjord s'est développé dans bien d'autres pays, dont la France, où il est aujourd'hui l'un des cinq poneys les plus appréciés et les plus répandus.

Docile et placide, ne dépassant pas 1,47 m – ce qui est indispensable pour rester membre de la famille des poneys –, le fjord peut être confié sans crainte aux enfants. Puissant et porteur, il peut également être monté par des adultes. Rustique et résistant, il excelle dans les compétitions d'endurance, où il révèle ses capacités à supporter les rigueurs des reliefs ou des climats, comme en randonnée ou en attelage.

Les représentants de cette race sont si semblables qu'il est impossible de les identifier par un signalement morphologique ; ils font donc l'objet d'un marquage au fer indiquant, sur la fesse droite, la lettre de l'année cernée d'un ovale et, sur la fesse gauche, un numéro codé au-dessus d'une croix de Saint-André.

L'islandais

L'islandais est un original au pays des poneys ; ce cousin du fjord, originaire de la sauvage Islande, se déplace à des allures très particulières, l'amble trotté et le tölt, qui le rendent exceptionnellement confortable et font de lui un bon poney de randonnée.

D'une race très ancienne, l'islandais est un poney trapu à l'encolure puissante ornée d'une crinière très touffue qui lui donne un charme certain.

En Islande, glace, lave, sable et cailloux se partagent un territoire soumis à de rudes conditions climatiques, où la nourriture est rare et pauvre. Ce biotope sévère a naturellement contribué à la sélection de l'islandais. Il serait originaire de Norvège, d'où il aurait été importé par les Vikings et croisé avec des chevaux celtes. Après un essai de croisement avec des races orientales qui n'a rien donné de bon, les petits poneys islandais n'ont subi aucun autre mélange de sang pendant plus de huit cents ans.

Participant à tous les travaux, principal moyen de transport des autochtones, l'islandais est malgré sa petite taille très robuste et bon porteur. Les éleveurs ont veillé à favoriser ces critères, comme ils se sont attachés à maintenir l'amble et le tölt, deux allures originales, confortables pour le cavalier et fiables sur différents terrains. L'amble est une allure dans laquelle le cheval trotte par bipèdes latéraux (le trot classique est par bipèdes diagonaux) ; le tölt est un pas très rapide et relevé.
L'islandais a commencé à parcourir l'Europe à partir de 1955 et il est présent en France depuis 1977.
Toisant jusqu'à 1,37 m au garrot, ce poney trapu possède une puissante encolure, une crinière très touffue et une tête un peu lourde sans pour autant être dénuée de charme. Toutes les couleurs de robe, unies ou pie, sont autorisées.
Vif et attentif, ce cheval nordique est courageux et réactif, capable de s'adapter parfaitement à toutes les situations. Avec ses allures spécifiques, il fait merveille en attelage, où il dégage beaucoup d'aisance. Sous la selle, il plaît à tous les cavaliers d'extérieur, qui apprécient ses allures souples et confortables.

Fiche d'identité de l'islandais

Race	Poney islandais (iceland)
Taille au garrot	1,21 à 1,37 m
Robe	Toutes les robes
Origine	Islande
Aptitudes	Attelage, randonnée
Caractère	Vif, attentif, courageux, réactif

Le welsh

La plupart des welsh sont de véritables pur-sang arabes en miniature. La race se décline en quatre types correspondant à différents critères de taille, ce qui permet au welsh d'être utilisé dans des disciplines équestres très diverses.

Originaire du pays de Galles, le welsh a été créé à partir de croisements avec des pur-sang arabes importés d'Afrique lors des conquêtes de l'Empire romain. Au XVIe siècle, les critères de sélection de la race étaient si draconiens qu'un arrêté obligeait les éleveurs à abattre tous les mâles dont la hauteur au garrot était inférieure à 1,52 m et toutes les femelles de moins de 1,32 m. Les rudes conditions climatiques du pays de Galles ont favorisé sa frugalité et une rusticité qui permet à ce poney de vivre au pré toute l'année. Quatre types composent aujourd'hui la race et sont principalement différenciés en fonction de leur taille. La catégorie A désigne le welsh mountain pony, ne dépassant pas 1,22 m. La catégorie B est celle du welsh pony, dont la taille se situe entre 1,23 et 1,37 m. La catégorie C concerne le welsh pony de type cob, qui a la même taille que le précédent mais qui, plus trapu, est souvent utilisé en attelage.

Fiche d'identité du welsh

Race	Welsh (welsh mountain pony, welsh pony, welsh pony de type cob, welsh cob)
Taille au garrot	1,20 à 1,47 m
Robe	Toutes les robes sauf pie
Origine	Grande-Bretagne (pays de Galles)
Aptitudes	Dressage, obstacles, attelage, randonnée
Caractère	Vif, intelligent, résistant

Enfin, la catégorie D se rapporte aux welsh dépassant 1,37 m, nommés welsh cob. Ces deux derniers types relèvent de la morphologie du cob, plus robuste que le welsh et aux membres plus courts. Les welsh peuvent revêtir toutes les couleurs de robe, sauf le pie. Ils possèdent une petite tête prolongeant une encolure droite, avec de grands yeux vifs et de fines oreilles bien dressées.

Polyvalent, le welsh est utilisé dans de nombreuses disciplines équestres, comme le saut d'obstacles, le dressage, l'attelage ou la randonnée.

Le highland

Encore peu connu, le highland gagne peu à peu le cœur des enfants et des adultes par sa gentillesse et sa polyvalence. Afin de supporter la dureté du climat des terres qui l'on vu naître, ce poney écossais possède une épaisse fourrure qui lui fait apprécier, toute l'année, la vie au grand air.

Le highland est un solide poney originaire des hautes terres d'Écosse, où il vivait autrefois en semi-liberté, ce qui lui a conféré des qualités certaines de robustesse et d'adaptabilité.

Outre des ancêtres celtes comme le galloway, aujourd'hui disparu, ainsi que le fjord, qui lui aurait légué sa fameuse raie de mulet, d'autres croisements sont intervenus dans cette souche ancienne qu'est le highland. Ainsi, du sang de percheron, cheval lourd, de chevaux espagnols et bien sûr d'arabe coule dans ses veines.

Comme la plupart des chevaux et poneys d'autrefois, le highland a été jadis utilisé par les paysans écossais comme animal de bât, pour le transport de lourdes charges au flanc de collines escarpées.

Massif, avec une solide ossature, le highland affiche une taille au garrot variant de 1,12 à 1,48 m mais, au-delà de 1,47 m, les compétitions poney lui sont interdites puisqu'il passe dans la catégorie cheval. Sa robe décline toutes les nuances du gris ou de l'isabelle, baie, parfois noire mais aussi alezan brûlé, et présente des zébrures plus ou moins marquées sur les membres. En revanche, les balzanes ne sont pas tolérées dans les critères de la race.

Le tempérament de cet écossais est composé de gentillesse, de douceur et d'intelligence ; il partage avec les enfants et les adultes le goût de la balade et du sport et, même si ce n'est pas sa vocation, il est capable de franchir sans hésitation quelques petits obstacles. Et le cross, l'attelage ou la randonnée ne lui font pas peur.

Ci-dessus, comme tous les poneys trapus et puissants, le highland excelle dans les compétitions d'attelage.

Page de gauche, les hautes terres d'Écosse d'où le highland est originaire lui ont légué une rusticité à toute épreuve lui permettant de vivre toute l'année au pré, sans craindre le froid ni la neige.

Fiche d'identité du highland

Race	Highland
Taille au garrot	1,12 à 1,48 m
Robe	Toutes les nuances du gris, isabelle, baie, alezan brûlé, parfois noire
Origine	Grande-Bretagne (Écosse)
Aptitudes	Attelage, randonnée, cross
Caractère	Vif, puissant, sociable

Le landais

Placide et rustique, le landais est originaire des marais qui bordent les rives de l'Adour. Intelligent et équilibré, il servait autrefois de camouflage aux chasseurs de canards et tractait les attelages des paysans landais.

En haut, respectueux de son cavalier et attentif, le landais est un poney dont le débourrage et le dressage sont aisés.

Page de droite, originaire des marais de l'Adour, le landais est équilibré, très sociable et d'une familiarité étonnante.

Ci-dessous, le landais est un poney dont la morphologie se rapproche de celle du pur-sang arabe.

Le poney landais séjourne depuis des millénaires dans les barthes du Sud-Ouest, ces zones de marais et de forêts qui bordent les rives de l'Adour. Ses ancêtres, descendant certainement du tarpan, avaient déjà adopté comme pâture l'herbe des marécages à l'époque préhistorique.

Ces petits chevaux furent utilisés par les chasseurs de canards, qui se cachaient derrière eux pour approcher les palmipèdes et les tirer sans que les déflagrations des canardières n'inquiètent les poneys.

Les élevages d'aujourd'hui, dans leur berceau d'origine – la circonscription de Pau –, tentent de conserver les caractéristiques traditionnelles de la race. Cependant, les troupeaux de landais ont cohabité pendant des siècles avec d'autres races et ont très probablement été croisés avec des arabes, des anglo-arabes ou des barbes. Le modèle se rapproche d'ailleurs du pur-sang arabe.

Visités régulièrement par les éleveurs, les poneys sont très respectueux à l'égard de l'homme. Ils développent des qualités d'équilibre et font preuve d'une sociabilité et d'une familiarité étonnantes. Très facile à dresser, le landais ne pose aucune difficulté lors du débourrage ; il s'adapte particulièrement bien à toute nouvelle activité, la mise à la selle ou à l'attelage, et accepte aisément le parage ou le ferrage. C'est un compagnon affectueux, docile, doux et attachant, mais possédant du caractère et une vivacité naturelle qui convient parfaitement à l'apprentissage de l'équitation, la randonnée et l'attelage.

Fiche d'identité du landais

Race	Landais (ou barthais)
Taille au garrot	1,18 à 1,47 m
Robe	Alezane, baie, noire
Origine	France (Sud-Ouest)
Aptitudes	Randonnée, attelage, obstacle
Caractère	Affectueux, équilibré, docile, vif

Le shetland

Le plus petit des poneys, le compagnon idéal des premiers pas en équitation, l'ami des tout-petits, est parfois accusé de malice et d'entêtement ; mais ce caractère, parfois capricieux chez certains shetlands, résulte en fait d'une mauvaise éducation.

Le nom de ce poney déjà connu à l'âge du bronze dévoile ses origines puisqu'il vient effectivement des îles Shetland, situées au nord-est de l'Écosse. Autrefois utilisé par les paysans pour tirer des attelages, il a également été enrôlé pour travailler dans les mines de charbon, où sa petite taille lui a valu des siècles d'esclavage au fond des galeries. Son histoire laborieuse et le berceau de sa race, des versants abrupts aux températures froides et à l'herbe rare, lui ont forgé une résistance exceptionnelle.

Modèle réduit parmi les poneys, le shetland ne dépasse pas 1,07 m et peut revêtir toutes les couleurs de robe. Sa tête, petite et bien ciselée, reflète parfaitement son intelligence. Un corps tout rond, une encolure musclée, des membres assez courts, une crinière et une queue largement fournies, alliés à des allures dynamiques, lui confèrent un physique de peluche vivante.

Une mauvaise réputation lui colle pourtant à la peau et il est souvent accusé de sournoiserie et de méchanceté. En fait, le shetland ne mord et ne botte pas plus que les autres poneys, et les sujets atteints de ce désagréable caractère sont la conséquence d'une éducation mal menée. En effet, les tout jeunes enfants qui le côtoient et l'utilisent n'ont pas forcément la poigne et le talent d'éducateur qu'il faudrait. Mais, correctement éduqué, le shetland s'avère un parfait compagnon pour les enfants, qui peuvent le monter jusqu'à une dizaine d'années en pony-games, obstacles, cross et balade ; doté d'une force extraordinaire, il peut même être attelé et tirer un adulte.

Ci-contre, le shetland, le plus petit des poneys – ne dépassant pas 1,07 m au garrot –, est un excellent compagnon pour les plus jeunes cavaliers.

Page de gauche, la petite taille et les rondeurs du shetland ne l'empêchent pas de se lancer sur les parcours de cross, habituant ainsi très tôt les enfants à la compétition.

Fiche d'identité du shetland

Race	Shetland
Taille au garrot	0,90 à 1,07 m
Robe	Toutes les robes
Origine	Grande-Bretagne (îles Shetland)
Aptitudes	Pony-games, obstacles, cross, balade, attelage
Caractère	Affectueux, docile, parfois peu fiable

Le connemara

Seul poney originaire d'Irlande, le connemara est élevé en liberté sur les landes sauvages du comté dont il porte le nom. Son *stud-book* n'a été institué qu'en 1923 et est fermé, c'est-à-dire que seuls les poulains nés de parents connemaras sont connemaras. Dorénavant élevé sur de plus grasses prairies, il a tendance à grandir et donc à dépasser la taille poney.

Originaire d'Irlande, le connemara a conquis de nombreux autres pays, dont la France, où les éleveurs étaient à la recherche d'un poney polyvalent utilisable pour l'apprentissage de l'équitation aux enfants. Aujourd'hui, le connemara dispose du cheptel le plus important parmi les poneys français.

Habile assemblage de différents croisements, le connemara témoigne de sangs aussi divers que ceux de l'arabe, du pur-sang anglais, du welsh, sans compter les apports d'autres races de poneys comme le fjord ou de chevaux autochtones. Jadis destiné à de nombreuses tâches agricoles et au transport, il a conservé de ce passé une robustesse et une résistance hors du commun. Les terres de ses ancêtres, peu fertiles, lui ont également conféré une frugalité appréciable pour ses propriétaires.

Toutes les robes sont acceptées dans les critères de la race, passant par le gris, l'isabelle, le bai, le rouan, le noir, l'alezan ou le palomino, sauf le pie. La morphologie du pur connemara doit être compacte, harmonieuse, alliant de la « substance » à une cage thoracique d'envergure. Le dos est nécessairement massif, le rein robuste, l'arrière-main forte et musclée et les membres solides.

Particulièrement apprécié pour ses qualités sportives, le connemara se révèle excellent en saut d'obstacles et se distingue en attelage, en endurance ou en randonnée. Placide mais vif, dynamique tout en restant docile, il possède tous les atouts pour séduire les enfants débutant l'équitation autant que ceux voulant se lancer avec succès dans la compétition de saut d'obstacles.

Le connemara est un poney vif et dynamique, et cependant docile et très affectueux.

Le connemara, à la morphologie compacte et harmonieuse, aux membres robustes et à l'arrière-main forte et musclée, peut revêtir toutes les robes sauf la couleur pie.

Fiche d'identité du connemara

Race	Connemara
Taille au garrot	1,32 à 1,48 m
Robe	Toutes les robes sauf pie
Origine	Irlande
Aptitudes	Obstacles, attelage, endurance, randonnée
Caractère	Placide, vif, dynamique, docile

LES CHEVAUX DE TRAIT

Le trait ardennais

Le trait originaire des Ardennes, où il acquit robustesse et rusticité, fut utilisé par Napoléon Bonaparte pendant la campagne de Russie. Quelques éleveurs passionnés tentent aujourd'hui de sauver la race de ce sympathique colosse auquel l'attelage convient parfaitement.

Double page précédente, le trait ardennais est encore aujourd'hui largement utilisé pour des travaux de force comme le débardage ou les charrois.

En haut, la tête large et expressive du trait ardennais, sa crinière épaisse et son œil serein témoignent de sa docilité.

Si ses origines se situent dans les Ardennes, ses racines ancestrales le font remonter au cheval de Solutré et il ressemble étonnamment au cheval décrit par Jules César, qui ne dépassait pas 1,45 m au garrot.

C'est l'une des plus anciennes races de chevaux lourds en France. Très polyvalent, il était à la fois monté et attelé, tant à la guerre que pour les travaux agricoles. Il accompagne les soldats napoléoniens lors de la campagne de Russie.

Croisé avec des chevaux arabes à cette époque, puis au XIXe siècle avec d'autres chevaux lourds (surtout le trait belge), sa morphologie se modifie. L'ardennais prend de la taille, de la puissance et de la musculature, devenant lui-même l'un des chevaux de trait fréquemment utilisés pour croiser d'autres races. Mesurant entre 1,52 et 1,62 m au garrot, l'Ardennais pèse entre 700 kg et 1 tonne. Sa robe peut varier dans une palette de couleurs allant des traditionnels bai ou rouan, gris, alezan, aux plus originaux isabelle ou aubère ; seul le noir est exclu.

Avec la mécanisation, l'ardennais est devenu une malheureuse bête de boucherie ; par bonheur, on redécouvre son utilité pour certains labours maraîchers, pour le débardage forestier et, plus récemment, l'attelage de loisirs. Tout à la fois docile et énergique, près de terre et puissant, l'ardennais est adapté à un grand nombre d'utilisations : entretien et transport attelé dans les villes, débardage ou encore travaux d'écurie.

Fiche d'identité de l'Ardenais	
Race	Ardennais (ou trait ardennais)
Taille au garrot	1,52 à 1,62 m
Robe	Toutes les robes sauf noire
Origine	France (Ardennes)
Aptitudes	Travaux de force, attelage
Caractère	Énergique, courageux, tranquille

L'ardennais, qui a donné naissance à de nombreuses races de chevaux de trait français, est doté d'une puissante musculature trahissant sa force et son courage, que met en valeur sa robe de couleur baie, grise, alezane, isabelle, aubère ou rouanne.

Le trait auxois

Le cheval de trait auxois, pur bourguignon, descendrait de l'antique cheval de Solutré. Délaissé depuis que le moteur a remplacé le cheval, il renaît aujourd'hui au travers de la réhabilitation du cheval lourd dans le débardage des forêts et grâce au développement de l'attelage de tourisme.

Jadis spécialisé dans la traction des carrosses ou des chariots, tâche relativement aisée pour ce trait musclé, l'auxois était le cheval le plus côtoyé par les voyageurs. Ce grand lourd a aussi toujours été apprécié pour le labour.

Ses origines bourguignonnes remontent au Moyen Âge. Il a subi divers croisements avec des traits du Nord et des ardennais, entre autres, et quelques infusions de sang percheron et boulonnais ont contribué, au XIXe siècle, à lui donner sa morphologie actuelle. Mesurant entre 1,60 et 1,68 m, il est plus grand que l'ardennais, auquel il est fortement apparenté. L'auxois a une tête courte dotée d'un large front et de petites oreilles mobiles. L'encolure est musclée, le corps massif ; le dos, les reins et le poitrail sont larges. La robe est fréquemment baie ou rouanne, plus rarement aubère ou alezane.

Sa morphologie le conduit aujourd'hui vers l'attelage lourd mais aussi éventuellement sous la selle, car ses allures souples et amples le rendent particulièrement agréable à monter. Puissant, il est destiné au débardage en forêt et à l'attelage de tourisme, où son calme et sa docilité conviennent à merveille. C'est ainsi l'une des races les plus rencontrées dans le roulottage organisé dans le Morvan.

Fiche d'identité de l'auxois	
Race	Trait auxois (ou auxois)
Taille au garrot	1,60 à 1,68 m
Robe	Baie, rouanne, alezane, aubère
Origine	France (Côte-d'Or)
Aptitudes	Débardage, attelage
Caractère	Docile, coopératif, énergique, puissant

Un étalon auxois de la station de Saint-Fargeau, dépendant du haras national de Cluny, harnaché pour la monte.

Le percheron

Grâce à sa taille et à son poids impressionnants, le percheron a été le moteur des guerres et de la vie dans les campagnes pendant des siècles. Monté par les chevaliers du Moyen Âge, il a connu l'Orient et a bénéficié de l'apport d'étalons arabes qui lui ont conféré élégance et noblesse.

Originaire du Perche, ce cheval est issu de croisements de chevaux lourds normands avec des chevaux capturés lors de la défaite des Maures à Poitiers au VIIIe siècle. Ils ont aussi subi l'influence d'étalons espagnols importés par le comte de Rotrou. Un apport régulier de sang arabe lui a donné un surplus de vivacité et d'élégance. Le *stud-book* du Percheron est fermé depuis 1911.

Compagnon indispensable des agriculteurs, il vivait jadis au rythme des saisons, de labourage en fenaison, de hersage en moisson. Débonnaire et majestueux, il assistait de sa force tranquille le dur labeur du paysan. Sa tâche était rude, il tirait de lourds tombereaux chargés plus que de raison, des diligences et des omnibus, ou même des trains de chalands sur les chemins de halage. Aujourd'hui, ce géant rural ne partage plus que rarement le quotidien de la ferme.

Lourd, massif et d'un imposant volume musculaire, le percheron affiche cependant une grande diversité de tailles et de poids, ce qui lui ouvre une large palette d'activités; en effet, il peut toiser 1,55 à 1,72 m au garrot et peser de 600 kg à 1 tonne, le poids moyen étant de 900 kg. La couleur de la robe est traditionnellement le gris pommelé, mais le noir devient de plus en plus prisé.

Le percheron est désormais voué aux délicates opérations de débardage du bois, où sa puissance, sa robustesse mais aussi sa délicatesse sont incomparables, ainsi qu'à l'attelage, car sa placidité et sa tonicité en font un compagnon fiable.

Il est depuis longtemps exporté dans de nombreux pays, où des *stud-books* locaux ont été créés. Régulièrement, les États-Unis, dont le *stud-book* date de 1878, la Grande-Bretagne, qui l'attelait aux lourds omnibus londoniens, et le Japon rachètent des sujets français afin de conserver à la race ses qualités. Si le Japon l'utilise essentiellement dans des courses de traction faisant l'objet de paris, les Américains le destinent aux travaux agricoles. Dans de nombreux cas, entretenir deux percherons revient moins cher que d'acheter un tracteur et rend de plus grands services : polyvalent et maniable, le cheval peut se frayer un chemin dans la neige épaisse pour distribuer le foin au bétail éparpillé dans les grandes prairies.

Ci-contre, tout est fort et large chez le percheron, des membres aux cuisses, du poitrail à la croupe; même le front est carré et d'une bonne largeur. Seule la tête allège l'ensemble : fine et bien dessinée, elle s'inscrit avec élégance sur une longue encolure rouée, dotée d'une belle crinière.

Page de gauche, la puissance et la robustesse du percheron, autrefois exploitées dans les travaux agricoles les plus pénibles en lui faisant tirer les charges les plus lourdes, ont aujourd'hui trouvé leur application dans les compétitions d'attelage.

FICHE D'IDENTITÉ DU PERCHERON

Race	Percheron
Taille au garrot	1,55 à 1,72 m (moyenne 1,66 m)
Robe	Gris pommelé, parfois noire ou rouanne
Origine	France (Perche)
Aptitudes	Travaux de force, attelage
Caractère	Placide, énergique, docile, puissant

Le cob normand

Descendant des puissants destriers que la Normandie fournissait aux chevaliers du Moyen Âge, le cob normand a bien failli disparaître avec l'avènement de la mécanisation. Heureusement, les haras nationaux ont maintenu son élevage, relancé depuis par une demande sans cesse croissante de chevaux de loisirs.

En haut, cet étalon cob normand du haras de Saint-Lo, fief de la race en France, a une tête expressive et une encolure bien musclée qui expriment souplesse et énergie, à l'instar de ses frères de race.

Ci-dessous, la souplesse et la maniabilité du cob normand, conjuguées à sa petite taille, en font l'un des chevaux les plus appréciés en attelage.

Les standards de race du cob normand se sont modifiés au cours des siècles au rythme des croisements : de lourd et trapu vers la fin du XVIe siècle, ce cheval s'allège peu à peu et acquiert sa morphologie actuelle au cours du XIXe siècle à la suite de croisements avec des norfolks britanniques.

Tour à tour expert de la traction rapide, du travail agricole léger ou du transport de personnes, ce bon normand voit ses effectifs se réduire considérablement lors du développement du chemin de fer et de l'automobile.

Le cob normand, descendant du carrossier normand, pèse entre 550 et 850 kg, ce qui en fait un des poids plumes parmi les chevaux de trait. Cependant, sa relative légèreté n'atténue en rien sa puissance. D'allure massive et puissante, le cob normand possède une encolure bien musclée, un profond poitrail et une belle arrière-main, le tout en harmonie. Cheval de taille moyenne, c'est un très proche parent du selle français, auquel il ressemble.

Élégance, souplesse et énergie colossale s'unissent habilement pour conférer à cette race les qualités requises pour plaire à de nombreux cavaliers. D'aimable caractère, d'allures souples et confortables, ce trait léger attire le cavalier de randonnée comme l'amateur de chasse à courre, mais les meneurs d'attelage l'affectionnent tout particulièrement pour ses évidentes qualités de résistance et d'endurance. Cette race peut donner d'excellents résultats en compétition d'attelage.

Fiche d'identité du cob normand

Race	Cob normand
Taille au garrot	1,58 à 1,70 m
Robe	Baie, alezane ou rouanne
Origine	France (Normandie)
Aptitudes	Attelage, randonnée, chasse à courre
Caractère	Équilibré, résistant, docile, énergique

Le poitevin

Le croisement d'un poitevin avec un baudet du Poitou permet d'obtenir une mule. Ce mariage habile a jadis fait ses preuves, à tel point que l'usage des poitevins était restreint à cette seule activité. Des passionnés tentent aujourd'hui de préserver de l'extinction cette race ancienne, appelée encore trait mulassier ou cheval du Poitou.

Au xe siècle, déjà, les traits mulassiers du Poitou, endurants et robustes, rendaient de grands services aux paysans de la région. Cette race a acquis sa renommée en produisant mules et mulets; le croisement d'un baudet du Poitou et d'une jument mulassière permet en effet d'obtenir une mule. On allie ainsi les qualités des deux espèces : taille, puissance et docilité du cheval, sûreté de pied et frugalité de l'âne. À poids égal, la mule (de 500 à 700 kg) est plus puissante qu'un cheval. Le trait mulassier a bénéficié d'un apport de sang brabançon lors de la mise en valeur du marais poitevin par des ingénieurs hollandais en 1599. Doux et docile, ce cheval habitué aux durs travaux des zones marécageuses est toujours apprécié pour ses compétences et son courage. D'une hauteur au garrot de 1,55 à 1,70 m, le poitevin pèse de 700 à 900 kg. Une bonne ossature, de solides articulations, un large poitrail, une musculature développée et de larges sabots témoignent de ses aptitudes à réaliser de multiples tâches sur tous les terrains. C'est un cheval plutôt allongé dont la robe est le plus souvent baie, grise, noire ou isabelle.

Fiche d'identité du poitevin

Race	Poitevin (ou trait mulassier, ou cheval du Poitou)
Taille au garrot	1,65 à 1,70 m
Robe	Toutes les robes
Origine	France (Poitou)
Aptitudes	Travaux de force, attelage
Caractère	Doux, docile, puissant

Le trait mulassier est un cheval doux et docile réputé pour la production de mules. Sa robe, souvent gris pommelé avec une raie de mulet, et son large poitrail lui donnent fière allure entre les brancards des attelages.

JM

Le comtois

Déjà présent en Franche-Comté au VIe siècle, le beau et puissant comtois fut utilisé par les hommes d'armes autant que par les paysans ou les forestiers. Sa docilité, son tempérament coopératif, sa robustesse mais aussi son agilité sur tous les terrains lui valent de nombreux défenseurs, qui l'ont aujourd'hui réhabilité pour le travail, l'attelage ou la promenade.

Cheval de trait par excellence, le comtois a bénéficié de croisements avec des chevaux orientaux, ce qui lui a donné la prestance qui le caractérise. Ses ancêtres seraient des chevaux germaniques arrivés dans le Jura avec les Burgondes au Ve siècle.

Sa résistance et sa puissance alliées à une légèreté et une dextérité peu communes l'ont fait largement apprécier des guerriers tout autant que des paysans : il tracte tout aussi bien des carrosses que des canons ou des engins agricoles. Croisé avec des ardennais au début du XXe siècle, il gagne en puissance et en stature tout en conservant ses allures de trait léger, une véritable aubaine pour ce cheval rustique qui est ainsi utilisé pour la monte, l'attelage, certains travaux agricoles et forestiers délicats ou tout simplement pour la promenade. C'est un cheval au pied sûr et aux allures brillantes.

Toisant entre 1,55 et 1,65 m au garrot, le comtois a une tête carrée dotée d'un œil vif et de petites oreilles bien plantées. Une belle encolure, des membres légers mais résistants, un poitrail large et un dos droit bien musclés lui confèrent une physionomie puissante qu'atténuent des allures énergiques et aisées. Alezane, dans des tons variant de préférence du cuivré au foncé, la robe est toujours rehaussée par une belle crinière et une queue toutes blondes, dites crins lavés.

Fiche d'identité du comtois

Race	Comtois (ou trait comtois)
Taille au garrot	1,55 à 1,65 m
Robe	Alezane, crins lavés
Origine	France (Franche-Comté)
Aptitudes	Travaux de force, attelage, randonnée
Caractère	Docile, coopératif, robuste, agile

Ci-contre et ci-dessous, en Franche-Comté, le trait comtois est toujours utilisé pour les travaux de débardage de bois, en raison de sa puissance et de sa dextérité peu commune. Avec sa crinière blonde, son œil vif, son poitrail massif et son dos musclé, le trait comtois exprime puissance et énergie.

Le boulonnais

Au temps jadis, le boulonnais transportait le poisson du port de Boulogne-sur-Mer jusqu'à Paris. Surnommé le pur-sang des chevaux de trait, ce colosse possède des allures brillantes qui lui permettent d'être monté ou attelé, une élégance naturelle et un caractère en or.

Le boulonnais était autrefois destiné au transport rapide du poisson frais entre le Pas-de-Calais et Paris. Dans sa région, où il est encore souvent monté, il jouit toujours d'une réelle notoriété.

Descendant des chevaux numides qui accompagnaient les Romains dans leur conquête de la Grande-Bretagne, le boulonnais est mentionné à partir du XVIIe siècle. Grâce à de multiples infusions de sang arabe, andalou ou navarrais au cours des siècles, son standard s'est modifié, scindant la race en deux types. Le grand boulonnais, pesant parfois jusqu'à 800 kg, était destiné aux durs travaux agricoles, tandis que le petit boulonnais, plus léger, servait de cheval de poste ou transportait, sous le nom de mareyeur, le poisson entre le port de Boulogne-sur-Mer et Paris.

Au début du XXe siècle, la race était prospère avec un cheptel d'environ 600 000 chevaux, mais le boulonnais commença à disparaître des campagnes à mesure que la mécanisation s'étendait. Heureusement, des éleveurs s'attachèrent à préserver cette sympathique race de trait, la réservant à l'attelage ou à divers petits travaux. Son passé de mareyeur, sa rapidité et sa résistance sont fort appréciés lors de la randonnée de la route du Poisson…

Le trait du Boulonnais se distingue par une belle robe grise presque blanche, parfois alezane, un port de tête altier, une puissance impressionnante et des allures très agréables, surtout au trot. Aujourd'hui, la reconnaissance de ses brillantes qualités lui ouvre des voies nouvelles comme cheval de traction utilitaire (maraîchage) ou de loisirs.

FICHE D'IDENTITÉ DU BOULONNAIS

Race	Boulonnais
Taille au garrot	Petit boulonnais : 1,55 à 1,60 m Grand boulonnais : 1,60 à 1,70 m
Robe	Grise, souvent pommelée, plus rarement alezane
Origine	France (Pas-de-Calais)
Aptitudes	Travaux de force, attelage, randonnée
Caractère	Vif, puissant, rapide

Le trait du Nord

Comme beaucoup de ses cousins lourds, le trait du Nord est issu de l'ardennais, croisé avec des boulonnais et des traits belges. Sa musculature puissante lui valut de tirer pendant des siècles les chariots les plus lourds, qu'il arrachait même dans les plus fortes montées.

Formé au rude climat des prairies de la frontière franco-belge, le trait du Nord a acquis une résistance et une robustesse étonnantes. Son rôle consistait jadis à tirer la charrue, à mener de lourdes carrioles de foin, de céréales ou de betteraves, ou à transporter les pièces d'artillerie sur les champs de bataille.

Comme tous les chevaux de trait, celui du Nord a souffert de l'avènement de la mécanisation, mais il a pu bénéficier d'une rigoureuse définition des standards de sélection de sa race. Seuls ont été admis à la reproduction les sujets témoignant de suffisamment de courage et d'ardeur, tout en conservant les meilleures qualités de souplesse et de docilité.

Car, contrairement à ce que suggèrent ses allures de mastodonte, le trait du Nord sait faire preuve de souplesse et se révèle agréable à monter. Il est taillé pour la traction, ses foulées sont puissantes et efficaces ; il s'illustre bien sûr dans d'autres activités à sa mesure, comme le débardage, le maraîchage ou l'attelage de loisirs et de compétition. Ce cheval possède une bonne volonté et une docilité extraordinaires.

Fiche d'identité du trait du Nord

Race	Trait du Nord
Taille au garrot	1,60 à 1,65 m
Robe	Aubère, baie ou rouanne
Origine	France (Nord et Picardie)
Aptitudes	Travaux de force, randonnée, attelage
Caractère	Docile, énergique, puissant

Ci-contre, le trait du Nord, à l'encolure courte et musclée, possède une tête lourde avec de petits yeux et des oreilles larges et ramassées.

Double page suivante, un impressionnant attelage de traits du Nord mené par un éleveur de la région de Lille qui utilise encore ses chevaux pour les travaux agricoles.

Ci-contre, cette tresse faite de crins colorés, dite portugaise, pare souvent les chevaux lourds dans les foires ou les concours.

Le brabançon

Calme, placide et exceptionnellement gentil, le brabançon, cheval de trait belge également nommé grand belge, mérite la faveur de ses passionnés. Ce colosse amical, s'il ne brille pas par sa célérité, est un expert en attelage.

Les brabançons ont été considérés pendant des siècles comme les meilleurs chevaux de débardage d'Europe.

L'histoire du brabançon remonterait au quaternaire, d'après les traces fossiles que ses ancêtres ont laissées sur les bords de la Meuse entre Dinant et Liège.

Au fil des siècles et des croisements, sauvages ou décidés par l'homme, ce colosse belge, devenu de plus en plus puissant, a été recruté par les armées les plus diverses pour porter les lourds équipements guerriers et tirer les chariots de matériel et de provisions. Les durs travaux de labour et de transport agricole lui sont dévolus.

L'attelage et les tâches agricoles nécessitant la plus grande puissance sont des activités dans lesquelles le brabançon excelle tant sa force est considérable et sa docilité impressionnante. Son potentiel a même débouché sur l'exportation de certains sujets aux États-Unis, donnant naissance à une nouvelle race, plus grande encore (1,72 à 1,90 m), le belge américain.

Capable d'une relative rapidité si nécessaire, le brabançon sait allier puissance et résistance, comme ses ancêtres qui sortaient autrefois de l'eau les énormes filets remplis de poissons des pêcheurs belges, sur le littoral de la mer du Nord. Facile à vivre, calme et paisible, ce géant est apprécié de tous ses utilisateurs pour sa bravoure, sa complaisance et sa force tranquille.

Fiche d'identité du brabançon

Race	Brabançon (ou grand belge, ou brabant)
Taille au garrot	1,60 à 1,70 m
Robe	Alezane, aubère, baie, grise ou rouanne
Origine	Belgique (Brabant)
Aptitudes	Travaux de force, attelage
Caractère	Placide, équilibré, docile, puissant

Le franche-montagne

Dernier-né des chevaux de trait, le franche-montagne arpente encore souvent les petites routes de son Jura natal en tirant les charrettes des montagnards. Récemment allégée par divers croisements, la race connaît un essor provoqué par l'engouement pour l'équitation de loisirs.

Appelé jadis cheval du Jura suisse, le franche-montagne doit son nom à sa patrie d'origine, située à la lisière des hauts plateaux des Franches-Montagnes et du Doubs. C'est une race de création relativement récente, née à la fin du XIXe siècle du croisement de juments locales, de pur-sang anglais et d'anglo-normands. Quelques touches d'ardennais et d'arabe ont également été apportées. Élevé en altitude de moyenne montagne, habitué aux rigueurs climatiques, ce cheval très rustique acquiert résistance, endurance, rapidité et aptitude au saut à mesure que les divers croisements sont réalisés. Ces qualités permettent de l'utiliser efficacement dans les travaux agricoles de montagne, auxquels les races plus lourdes sont inadaptées.

En dehors de leurs activités agricoles traditionnelles – d'ailleurs toujours d'actualité, car il est encore fréquent de croiser des attelages de franches-montagnes dans le Jura suisse –, ces chevaux connaissent un renouveau en attelage, en randonnée et même en saut d'obstacles. Des croisements successifs ont même été effectués depuis les années quatre-vingt afin d'alléger les individus voués au sport, tout en leur conservant robustesse et souplesse de caractère.

Le caractère placide et amical de cet excellent cheval de trait lui donne aussi accès à de délicates disciplines équestres, comme la voltige.

Ci-dessus et en bas, le plus léger des chevaux de trait, le franche-montagne, habitué à la neige des hauts pâturages du Jura, ressemble à un cheval de sang aux formes arrondies.

Fiche d'identité du franche-montagne

Race	Franche-montagne (ou freiberger)
Taille au garrot	1,50 à 1,58 m
Robe	Alezane ou baie
Origine	Suisse (Jura)
Aptitudes	Attelage, randonnée, voltige, travaux agricoles légers
Caractère	Souple, vif, docile, équilibré

Le trait breton

L'appellation trait breton recouvre en fait deux races différentes : le trait breton, lourd, puissant et riche d'un passé de travailleur de force, et le célèbre postier breton, de création plus récente, plus léger et adapté aux longs et rapides trajets des diligences postales.

En haut, lors des présentations ou des foires, les éleveurs tressent la queue du trait breton afin de mettre en valeur sa croupe large et musclée.

Page de droite, le trait breton a une morphologie qui convient particulièrement bien à l'attelage.

Ci-dessous, le trait breton est un cheval à l'encolure large et musclée, au garrot imposant, à l'épaule arrondie et à la tête rectiligne bien proportionnée.

Certains font remonter les origines du breton à plus de 2000 ans av. J.-C., d'autres pensent qu'il descend de petits chevaux introduits par les Celtes en Bretagne avant la conquête de l'Angleterre. Au Moyen Âge, ce cheval ne dépassait pas 1,40 m au garrot et se déplaçait à une allure particulière, entre l'amble et le trot enlevé, qui le faisait apprécier des charretiers et des rouliers. On l'appelait aussi pour cette raison bidet d'allure ou bidet breton. Le trait breton évolue ensuite grâce à de multiples croisements dont les ardennais, les boulonnais et les percherons sont les principaux acteurs, jusqu'à la création de son *stud-book* en 1909. Ce n'est qu'au XIXe siècle que le postier breton actuel voit le jour, à la suite de croisements entre des étalons norfolk et des juments du Léon. Seuls les individus nés dans les quatre départements composant la région Bretagne peuvent prétendre être inscrits au *stud-book* et recevoir sur l'encolure gauche une marque au fer caractéristique de la race.

Le trait et le postier bretons se complètent bien dans le modèle : le premier pèse environ 900 kg pour une taille de 1,60 à 1,65 m, le second pèse 750 à 900 kg pour une taille de 1,55 à 1,60 m. Le postier convient mieux à un usage de loisirs, où ses allures brillantes et son tempérament énergique ravissent les amateurs d'attelage de tourisme, voire d'attelage de compétition. Le trait peut en revanche servir avec bonheur la culture maraîchère.

Fiche d'identité du breton

Race	Trait breton (ou breton)
Taille au garrot	1,55 à 1,65 m
Robe	Alezane ou aubère, parfois baie ou rouanne
Origine	France (Bretagne)
Aptitudes	Travaux de force, attelage
Caractère	Énergique, vif, puissant

L'ÉQUITATION

L'art équestre

À l'origine, on ne montait à cheval qu'à des fins utilitaires ; surveiller les troupeaux, voyager, chasser et guerroyer étaient des activités que l'équitation facilitait. Mais, au XVIe siècle, l'art de la guerre évoluant, des maîtres italiens puis français développèrent des techniques équestres plus complexes qui aboutirent à la création d'un véritable art équestre.

Dès le XVIe siècle, de nombreuses académies d'équitation fleurissent à travers l'Europe, régentées par des maîtres respectés qui enseignent, avec quelque orgueil, un art équestre réservé aux élites. Pourtant, le premier traité occidental d'équitation date de l'Antiquité grecque, et son auteur, historien et chef militaire né vers 430 av. J.-C., n'est autre que Xénophon. Il y explique comment préparer les chevaux au combat en les faisant tourner en cercle afin de les assouplir en les rassemblant. Voltes, demi-voltes, changements de main à toutes les allures existent déjà, et Xénophon insiste sur la position du cavalier, qui doit avoir « le même équilibre à cheval qu'à pied », la seule méthode efficace à son avis pour que le cheval puisse être équilibré et tourne aisément à la demande de son cavalier.

Récompense et punition sont déjà, selon cet auteur, les seuls moyens de se faire obéir par un cheval. Douceur et maîtrise de soi forment la base de ses méthodes de dressage, favorisant la complicité entre cheval et cavalier. En cas de punition, il ne faut « jamais le traiter avec colère mais le châtier pour son bien, comme les parents qui châtient leurs enfants ».

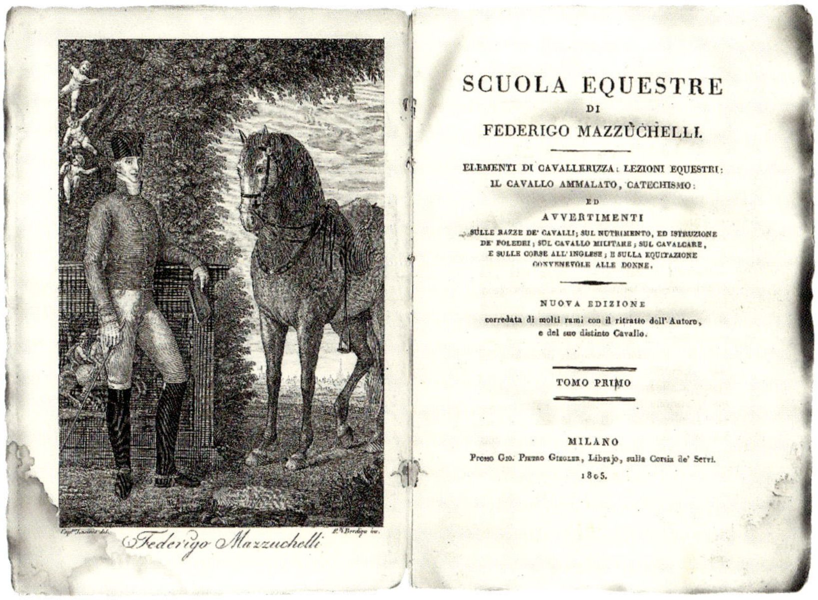

Federigo Mazzuchelli

SCUOLA EQUESTRE
DI
FEDERIGO MAZZUCHELLI.

ELEMENTI DI CAVALLERIZZA: LEZIONI EQUESTRI:
IL CAVALLO AMMALATO, CATECHISMO:
ED
AVVERTIMENTI
SULLE RAZZE DE' CAVALLI; SUL NUTRIMENTO, ED ISTRUZIONE DE' POLEDRI; SUL CAVALLO MILITARE; SUL CAVALCARE, E SULLE CORSE ALL'INGLESE; E SULLA EQUITAZIONE CONVENEVOLE ALLE DONNE.

NUOVA EDIZIONE
corredata di molti rami con il ritratto dell'Autore, e del suo distinto Cavallo.

TOMO PRIMO

MILANO
Presso Gio. Pietro Giegler, Librajo, sulla Corsia de' Servi.
1805.

Ci-dessus, page de titre et frontispice d'un traité d'équitation italien de 1805 : *Scuola equestre*, de Federigo Mazzuchelli.

Page de gauche, une cabriole exécutée par un cavalier de la toute jeune école portugaise et son alter real à la magnifique robe bai-brun, dans la plus pure tradition de l'art équestre portugais du XVIIIe siècle.

Double page précédente, passage d'un obstacle dans une épreuve de cross de concours complet.

Deux courants opposés

Toutes les théories de Xénophon ont été reprises dès le XIIIe siècle puis développées au XVIe par les premiers grands maîtres d'équitation napolitains, qui donnèrent naissance à l'équitation académique. Cette dernièr, fondée sur l'instruction en manège, favorise un cheval soumis, attentif et capable de réaliser à la perfection toutes les figures inculquées.

Ce style d'équitation fait très vite des émules dans l'Europe entière. Des gentilshommes de tous les pays affluent alors dans les académies italiennes pour se former à l'art équestre, puis, de retour dans leur patrie, créent leur propre académie. La première académie d'équitation française voit ainsi le jour à Paris en 1547.

Parallèlement se développe en Espagne une école d'équitation dite « à la genette » – de gineta, qui désigne l'ancienne équitation au corps à corps des cavaliers espagnols –, dont les méthodes sont opposées à celles de l'école italienne, dite « à la bride ». Utilisant des mors et des selles hérités des harnachements orientaux et des étriers à larges

Antoine de Pluvinel (en médaillon) marqua l'art équestre du XVIIe siècle. Ci-dessous, il enseigne au Dauphin, le futur Louis XIII, le maniement de la lance au jeu de bague.

planchers, cette équitation de plein air, plus fine et plus légère, est davantage inspirée par la pratique des Maures que par la tradition grecque. Elle n'a pas non plus les mêmes buts : entièrement tournée vers le travail du bétail, elle nécessite des chevaux fougueux et courageux, parfaitement maîtrisés et capables de démarrer instantanément, de changer de pied facilement, de pivoter autour des épaules ou des hanches à quelque allure que ce soit en fonction des mouvements du bovin. Longtemps cantonné à une aire culturelle qui englobe l'Espagne, le Portugal et le sud de la France, ce style d'équitation perdure au cours des siècles aux côtés du style plus sévère, voire brutal à l'origine, des maîtres italiens et de leurs disciples.

Antoine de Pluvinel

Dans la France du XVIIe siècle, l'équitation d'école se généralise et des académies équestres s'ouvrent dans toutes les villes. Chaque maître enseigne ses propres figures de manège, de plus en plus complexes et sophistiquées, tendant à transformer progressivement l'art équestre en spectacle.

Comme la plupart de ses pairs, Antoine de Pluvinel apprend les rudiments de l'art équestre auprès des maîtres napolitains puis, de retour en France, devient écuyer d'Henri III puis d'Henri IV ; il crée, place des Pyramides, à Paris, une académie équestre et devient l'instructeur de Louis XIII. Pluvinel marque l'histoire de l'équitation par la publication posthume de son traité *l'Instruction du Roy en l'exercice de monter à cheval* en 1625. Selon sa théorie, si le cheval n'exécute pas ce que lui commande son cavalier, c'est plus par ignorance que par entêtement. Il croit en l'intelligence de l'animal et réfute les arguments de ses détracteurs par la présentation d'un dressage brillant et précis où il met en valeur les allures souples et élevées du cheval. Pour parvenir à ce résultat, il préconise de dresser le cheval en le faisant tourner autour d'un pilier, d'abord dénué de tout harnachement, puis avec selle et étriers, et surtout sans être monté. Cette méthode est bien proche de notre débourrage actuel en longe.

L'École de cavalerie

Au XVIIIe siècle, bien monter est devenu une nécessité pour les nobles, qui doivent acquérir les premières bases de cette science auprès de cavaliers consacrés ou de maîtres d'équitation. L'art équestre prend alors toute son ampleur, de nombreux traités voient le jour et l'empirisme laisse place à un enseignement académique ; de multiples manèges militaires se créent avec l'avènement de l'école de Saumur, tandis que l'extension des courses de chevaux suscite, par sélections successives, la création du pur-sang anglais.

Écuyer du roi, François Robichon de La Guérinière, né en 1688, est nommé directeur du manège des Tuileries en 1730. Il forge une véritable théorie de l'équitation avec la parution de l'École de cavalerie. Outre l'art de monter à cheval, il y enseigne l'hippologie, l'anatomie, le harnachement, la ferrure et les soins à apporter aux chevaux... Il réprouve la force et la brutalité et explique que le dressage doit être adapté à chaque cheval et à l'utilisation à laquelle on le destine.

Le siècle de Saumur

Au XIXe siècle, de nombreuses écoles s'affrontent, chaque maître exposant ses propres théories à travers une littérature abondante. François Baucher et le comte d'Aure divisent les cavaliers en prônant des méthodes d'équitation totalement opposées, dont le général L'Hotte fait une synthèse en dissociant les principes de l'équitation militaire ou d'extérieur de ceux de l'équitation savante.

L'école militaire de Saumur est le fleuron équestre du siècle. Ville de garnison parmi tant d'autres lors de la Révolution et de l'Empire, Saumur était le lieu de formation des unités de la garde impériale, de la garde royale et de la cavalerie républicaine. Mais, à l'époque de la Restauration, l'école de cavalerie acquiert ses lettres de noblesse en enseignant aux jeunes officiers un art équestre prestigieux. Tout de noir et de broderies d'or vêtus, les instructeurs, qu'ils soient écuyers civils ou officiers du manège, constituent l'illustre Cadre noir de Saumur.

Principes militaires et théories académiques se heurtent souvent durant ce siècle où d'autres utilisations du cheval se développent, comme la chasse à courre, les courses de plat ou de steeple et le dressage de cirque.

Le XXe siècle, quant à lui, n'apporte guère de changements notables dans l'art de monter à cheval, même si quelques grands écuyers ont su porter haut les couleurs de l'art équestre au sein d'académies prestigieuses comme l'école espagnole de Vienne ou le Cadre noir de Saumur, ou de façon indépendante comme le grand maître Nuno Oliveira.

La *Vraie Assiette du cavalier*, gravure du XVIIIe siècle. À cette époque, Ridinger prône une position avec les jambes très en avant, obtenue par un réglage approprié des battes de la selle et des étrivières.

L'école espagnole d'équitation de Vienne

L'école espagnole de Vienne, en Autriche, doit son nom à l'origine ibérique des chevaux qu'elle utilise, ces fameux lipizzans à la robe immaculée qui étaient tous des mâles entiers et que l'empereur Maxi-milien II puis son frère l'archiduc Charles importaient déjà du haras de Lipizza au

Les écuyers de l'école de Vienne demeurent attachés aux principes équestres enseignés par La Guérinière au XVIIIe siècle et font danser leurs chevaux au son des valses et polkas viennoises. Équilibrés, les lipizzans de l'école espagnole de Vienne présentent de manière inchangée l'épaule en dedans, le piaffer et les divers sauts de haute école. Ce spectacle n'a pas pris une ride.

L'École royale andalouse d'art équestre

Ouverte en 1972 à Jerez, en Espagne, l'école royale andalouse est une création de don Alvaro Domecq ; elle est remontée en chevaux de pure race espagnole. Elle effectue à la fois un travail classique de dressage dans le respect des principes de La Guérinière et une démonstration de *doma vaquera*, héritière de l'équitation à la genette. Ses prestations mêlant classicisme et folklore sont très appréciées du public. Quelques écuyers sortent avec succès en compétition.

Ci-dessus, une cabriole, exécutée par un écuyer de l'école espagnole de Vienne, dans le magnifique manège d'hiver construit en 1729 par l'empereur Charles VI.

Page de droite, une figure de *doma vaquera*, héritière de l'équitation à la genette, qui tire ses principes des attitudes de travail à cheval des gardians de troupeaux de taureaux andalous.

Ci-contre, une levade exécutée par un écuyer portugais dans la cour d'honneur du château de Queluz.

XVIIe siècle. Si l'existence d'un manège espagnol remonte à 1572, ce n'est qu'en 1729 que l'empereur Charles VI fait construire un prestigieux manège destiné à l'école de Vienne et encore utilisé actuellement, le « manège d'hiver ».
Le but de l'école est, comme le précisait le général Decarpentry en 1947, « la conservation de l'art équestre dans sa forme la plus élevée, la haute école, et selon les traditions laissées par les maîtres du XVIIIe siècle ».

L'École portugaise d'art équestre

Similaire en certains points à l'École andalouse, sans doute à cause de la proximité géographique et culturelle de ces deux pays, l'École portugaise est née en 1979 sous l'impulsion du Dr Guilherme Borba, disciple du maître Nuno Oliveira. Elle poursuit deux objectifs : la démonstration de l'art équestre portugais dans le respect des principes classiques du XVIIIe siècle et la promotion de la race alter real, aux magnifiques représentants bai-brun.

Le Cadre noir de Saumur

Créé en 1825, le Cadre noir a longtemps eu pour rôle la formation équestre de l'encadrement militaire. École de prestige, elle a dorénavant pour mission l'instruction des enseignants équestres civils, la représentation de la doctrine française d'équitation et la compétition. Après avoir brillé en dressage, elle obtient régulièrement de bons résultats en concours complet.

Le dressage

Le dressage est une discipline esthétique et ardue dans laquelle cavalier et cheval effectuent, avec ou sans musique, une reprise – un enchaînement de figures imposées – aux trois allures : pas, trot et galop. L'art du dressage est une recherche permanente de fluidité et de précision qui demande au cavalier une grande patience et une entente parfaite avec sa monture.

En haut, rigueur et tact sont les clés de l'art équestre du dressage. Ci-dessus Dominique d'Esmée, quinze fois championne de France et médaille de bronze aux championnats d'Europe de 1995.

Ci-dessous, le dressage est un art fait de nuances, de souplesse et de douceur. L'action du cavalier est discrète, voire indécelable pour le néophyte, et nécessite une extrême précision.

Entrée du couple cheval et cavalier, salut au jury, départ... Le cavalier de dressage effectue sa prestation sur un terrain de vingt mètres sur soixante, bordé de lettres qui servent de points de repère et définissent le tracé de la reprise. Pas de démonstration de force, pas de performances spectaculaires, tout est fait de nuances dans l'art du dressage. Le public non averti ne peut déceler l'action du cavalier tant elle est discrète. Pourtant, l'épreuve est difficile et s'exécute avec la précision minutieuse d'un horloger... Chaque demande du cavalier, même imperceptible, provoque une réaction bien précise chez son partenaire, et cela tout en souplesse.

C'est en maîtrisant parfaitement toute cette puissance musculaire que le cavalier peut réaliser les mouvements les plus beaux mais aussi les plus délicats : les déplacements latéraux comme les appuyers (le cheval semble marcher en crabe en croisant les membres), les changements de pied au temps au galop (à chaque foulée, le cheval galope sur son pied droit, puis sur le gauche, puis sur le droit, etc.), les pirouettes au galop (le cheval pivote de 360 degrés autour de ses hanches), le piaffer (sorte de trot sur place), le passage (trot avec un temps marqué de suspension) en sont quelques exemples.

Dans certains cas, le cavalier déroule la reprise sur une musique qu'il a choisie. Le rythme et la cadence doivent alors être parfaitement calqués sur les allures et les mouvements du cheval afin d'obtenir une chorégraphie réussie. Grâce à cet apport musical, les concours de dressage de ce type attirent un public plus nombreux.

Quand tout n'est qu'harmonie et beauté, l'art du dressage devient un langage magique reliant le cheval à son cavalier, un code secret dont eux seuls possèdent la clé, une communication complice et muette, fruit de longues heures passées sur le sable d'un manège ou d'une carrière.

L'harmonie et l'élégance du couple, symbolisées ici par Catherine Durand et son lusitanien, Orphée, comptent pour beaucoup dans les épreuves de dressage.

140

Le saut d'obstacles

Spectaculaire, le saut d'obstacles est une des disciplines les plus populaires. À un haut niveau de compétition, les obstacles à franchir sont très impressionnants par leur hauteur et, parfois, par leur largeur. La plupart des chevaux semblent pourtant les survoler avec une puissance tranquille et une souplesse de chat.

Avant de s'élancer sur les obstacles, les cavaliers et leurs entraîneurs vont faire une courte reconnaissance à pied de la piste – la carrière où se déroule l'épreuve – afin de repérer le parcours et le meilleur tracé à suivre. Passer en revue chaque obstacle numéroté depuis la ligne de départ jusqu'à la ligne d'arrivée, vérifier les courbes et les lignes droites pour mieux les négocier sont autant de détails à ne pas négliger pour gagner.

Un premier concurrent entre en piste d'un galop régulier, bien cadencé; la cloche annonçant le départ sonne et le cavalier entame son parcours en se concentrant sur le franchissement des obstacles; celui-ci doit s'effectuer sans faire tomber de barre, sous peine de pénalité. Les cavaliers les plus expérimentés savent exactement le nombre de foulées qu'il va falloir demander à leur cheval entre chaque obstacle afin de réaliser le meilleur parcours possible.

Certaines épreuves se courent au chronomètre, mais beaucoup ne sont pas minutées. Ces compétitions se terminent donc par une épreuve qui départage les meilleurs au cours d'un barrage, une sélection d'obstacles à parcourir sans faute dans le temps le plus rapide possible.

Thierry Pomel au célèbre CSI (concours de sauts international) de Jardy. En compétition, la réussite à l'obstacle dépend de l'entente parfaite entre le cavalier et son cheval.

Quand on a la chance de pouvoir admirer un concours de haut niveau, on constate que tout est magnifiquement sous contrôle, calculé au millimètre, et il en ressort une impression de douceur et de calme.

Avant de pouvoir espérer rivaliser avec les plus talentueux, le cavalier et sa monture doivent suivre un entraînement rigoureux sur des obstacles de plus en plus difficiles. Le tact du cavalier et les qualités de sauteur du cheval feront leurs preuves tout au long des différentes catégories de compétition, pour arriver peut-être un jour au niveau de ces grands champions qui, de Michel Robert à Éric Navet, de Thierry Pomel à Alexandra Ledermann, ont toujours fait rêver les cavaliers en herbe.

Accéder aux épreuves de compétition demande un entraînement régulier en accroissant progressivement les difficultés et la hauteur des obstacles.

Double page suivante, Alexandra Ledermann, l'une des meilleures cavalières françaises de saut d'obstacles, collectionne les titres olympiques, européens et français.

148
UI-TOP

14

Le concours complet

Créé au début du XXe siècle, le concours complet s'appelait autrefois « championnat du cheval d'armes » et était réservé aux officiers. Cette discipline repose sur la polyvalence du cheval et du cavalier, qui doivent être capables d'associer à un fin dressage les qualités que requièrent le saut d'obstacles et le parcours de cross.

Un concours complet comprend obligatoirement trois épreuves différentes, qui se déroulent sur deux ou trois journées successives.
La première est une épreuve de dressage, similaire à la discipline du même nom, où le cavalier et son cheval déroulent une reprise composée de figures, essentiellement d'allongements et de raccourcissements d'allure. Par rapport à un concours de dressage classique, il s'agit ici d'apprécier avant tout les qualités de maniabilité, d'équilibre et de discipline d'un cheval polyvalent.
La deuxième, une épreuve de fond ou de cross, est la plus spectaculaire du concours complet. Elle a lieu en plein air, sur un parcours accidenté et varié parsemé d'obstacles fixes, et dont la longueur va de deux à plus de quatre kilomètres. Le couple doit s'approcher le plus près possible d'un temps de référence sous peine de pénalités. Dans les grandes compétitions, les obstacles, très fleuris, sont de véritables compositions artistiques : maisonnettes en rondins de bois, champignons bariolés, barrières végétales, gués, fossés impressionnants, haies d'une largeur époustouflante, pentes ascendantes ou descendantes d'un toit de chalet… À les regarder de près, certains de ces obstacles très imposants paraissent infranchissables. Mais ils n'arrêteront pas un cheval bien entraîné. Le cavalier ne doit pas se contenter d'accompagner sa monture, il doit gérer la vitesse et choisir entre les différentes options qui s'offrent à lui. À plusieurs reprises, en effet, le parcours se scinde en deux portions : l'une, courte, cache un obstacle ou une combinaison difficile ; l'autre, plus aisée, fait perdre un temps précieux. Le rythme est soutenu et éprouvant, les mottes de terre volent et le public retient son souffle.
La troisième épreuve est un parcours d'obstacles des plus classiques, destiné à montrer que le cheval conserve toute sa souplesse, son énergie et sa soumission.
Dans les concours de haut niveau sont rajoutés, avant le cross, un premier routier qui sert à échauffer le cheval au trot ou au petit galop sur une certaine distance, puis un steeple – une course au galop sur environ deux kilomètres avec passage de haies –, et pour finir un second routier permettant au cheval de récupérer.
Discipline intense, le concours complet, on le comprend facilement, nécessite de substantielles qualités physiques et sportives acquises au cours d'un entraînement adapté.

Page de gauche, les obstacles impressionnants de l'épreuve de cross donnent lieu à de spectaculaires images ; ici J.-M. Faverau avec son cheval Rancho au CCE (concours complet d'équitation) des Olonnes, en 1994.

Ci-contre, lors de l'épreuve de cross d'un concours complet, le cavalier doit gérer sa vitesse afin d'économiser son cheval jusqu'au dernier obstacle. Ici, l'obstacle d'arrivée du cross au CCE des Moutiers, en Vendée.

L'endurance

L'endurance est une discipline alliant le plaisir de l'équitation d'extérieur au goût de la compétition. Ouverte à tous les types de chevaux, elle consiste à parcourir un itinéraire balisé, entre vingt et deux cents kilomètres, dans un temps libre ou imposé selon les niveaux.

En haut, lors des épreuves d'endurance, le cavalier est autorisé à mettre pied à terre et à courir à côté de son cheval afin de lui permettre de récupérer.

Ci-dessous, un endurance, le cheval doit être bien entraîné afin de pouvoir récupérer rapidement après l'effort et de ne pas être disqualifié lors des fréquents contrôles vétérinaires. Il est indispensable de l'abreuver, de le rafraîchir et de l'alimenter par petites rations tout au long de l'épreuve.

L'endurance est une discipline gérée une commission de la Fédération française d'équitation, qui organise chaque année de nombreux concours sur l'ensemble du territoire français.

Si toutes les races de chevaux peuvent participer aux courses d'endurance, le pur-sang arabe demeure le grand maître de cette discipline. Mais l'important est surtout d'avoir une monture bien préparée, c'est-à-dire ayant suivi un entraînement sérieux qui lui permettra de récupérer rapidement après l'effort. D'ailleurs, tout au long de la course, des contrôles vétérinaires sont effectués afin de noter la fréquence cardiaque du cheval et de juger de son état. Le cheval qui n'est pas en condition peut très bien être disqualifié. Le cavalier a lui aussi tout intérêt à disposer d'une bonne condition physique car il a le droit, pendant la course, de mettre pied à terre pour économiser son cheval – sauf pour franchir les lignes de départ et d'arrivée. Abreuver régulièrement sa monture, la rafraîchir par des douches lors des pauses et lui proposer de petites rations pour lui redonner de l'énergie font partie des soins indispensables à lui prodiguer pendant la course.

Il existe trois types d'épreuve : les épreuves dites qualificatives, qui se courent sur une distance variant de vingt à quarante kilomètres, avec une vitesse imposée entre dix et treize kilomètres à l'heure ; des épreuves régionales, sur quarante à soixante kilomètres, avec une vitesse imposée entre douze et quinze kilomètres à l'heure ; puis des épreuves prénationales et nationales, sur quatre-vingt-dix à deux cents kilomètres, avec vitesse libre.

Toutes les races de chevaux peuvent participer aux épreuves d'endurance, mais le pur-sang arabe, grâce à sa résistance et à son énergie proverbiales, domine largement cette discipline.

38
38

Le Trec

Le Trec, acronyme qui signifie « techniques de randonnées équestres de compétition », est une discipline d'équitation d'extérieur très complète, associant des qualités d'orientation, de régularité d'allure, de franchissement d'obstacles naturels ou simulés et une parfaite maîtrise de son cheval.

En haut, les épreuves de Trec reproduisent les difficultés naturelles rencontrées par les cavaliers de randonnée ; ici, le passage sous des branches basses.

Ci-dessous, le passage d'un contrebas, pour lequel il est permis de mettre pied à terre, est un des nombreux obstacles naturels de l'épreuve de PTV (parcours en terrain varié) du Trec.

Le Trec, comme l'endurance, se pratique en pleine nature. Pour le cavalier et son cheval, il s'agit de s'illustrer dans une série de quatre épreuves notées.

La première est appelée Por, pour « parcours d'orientation et de régularité ». Elle consiste à parcourir, à l'aide d'une carte et d'une boussole, un itinéraire de quarante à soixante kilomètres indiqué juste avant le départ, à une vitesse moyenne imposée et contrôlée.

La deuxième, nommée Ptv, pour « parcours en terrain varié », se déroule sur un trajet d'environ cinq kilomètres, dans un temps donné, et comporte seize à dix-huit obstacles naturels ou fabriqués. Savoir ouvrir une barrière et la refermer sans descendre de cheval, passer un gué, un tronc d'arbre ou une passerelle, slalomer entre des piquets, franchir un contrebas ou un contre-haut sont autant d'actions que le cavalier doit maîtriser parfaitement.

La troisième épreuve, également chronométrée, teste la maîtrise des allures sur cent cinquante mètres. La dernière est un examen de la présentation du cheval et de son cavalier – tenue, harnachement et équipement.

Cette discipline d'équitation d'extérieur est fondée sur les aptitudes de polyvalence du cheval en toutes circonstances et sur les facultés de débrouillardise, d'agilité, d'orientation et d'esprit de synthèse du cavalier. Des contrôles vétérinaires sont régulièrement effectués lors du déroulement de l'épreuve afin de déceler tout problème chez le cheval, auquel cas l'animal est aussitôt retiré de la compétition. Il appartient donc au cavalier de bien savoir doser l'effort qu'il requiert de son compagnon.

Le horse ball

Contrairement à ce que son nom laisse supposer, le horse ball a été inventé en France il y a une vingtaine d'années. C'est une sorte de basket ball à cheval dans lequel deux équipes, composées de quatre joueurs sur le terrain et de deux remplaçants, s'affrontent en tentant de marquer le plus grand nombre de paniers.

Sport équestre collectif très spectaculaire, le horse ball s'inspire du *pato* argentin. Il se joue sur un terrain de soixante-cinq mètres sur vingt-cinq.

Le match se déroule en deux périodes de dix minutes entrecoupées d'une mi-temps de trois minutes. Deux équipes de six cavaliers, dont quatre seulement sont ensemble sur le terrain, doivent ramasser à terre, sans descendre de cheval, un ballon muni de six anses en cuir et, par un minimum de trois passes successives, l'envoyer dans le but adverse, un genre de panier de basket à l'ouverture verticale. Lors de ces passes, le ballon ne peut être gardé en main plus de dix secondes. Pour réussir ce tir au but, les joueurs doivent utiliser tous leurs talents de cavaliers pour se déplacer le plus rapidement possible et éviter leurs adversaires.

Afin que les joueurs puissent avoir les mains libres pour effectuer ou recevoir des passes, les rênes sont nouées sur l'encolure des chevaux. Une sangle reliant les deux étriers passe sous le ventre du cheval pour permettre au cavalier de se pencher sans risquer la chute.

En haut, le ballon de horse ball est équipé de six anses en cuir qui permettent de le ramasser à terre en pleine course, d'une seule main.

Ci-contre, les joueurs de horse ball doivent savoir diriger leur monture à l'aide de leurs seules jambes afin de garder les mains libres pour recevoir des passes ou effectuer des tirs.

Le polo

Importé en Grande-Bretagne au XIXe siècle par les officiers de l'armée des Indes, le polo est toujours considéré comme le sport des têtes couronnées et des grandes fortunes. Même si elle demeure encore confidentielle, cette discipline est passionnante et constitue un spectacle sportif riche et varié.

Un terrain d'herbe rase digne des plus belles pelouses anglaises, de 275 m de long sur 145 m de large (en théorie), deux poteaux distants de 7,50 m matérialisant les buts de part et d'autre du terrain, une petite balle en bois de 8 cm de diamètre, un maillet à long manche et un petit cheval, ou plutôt un poney... suffisent pour jouer au polo!

Ce sport équestre d'origine asiatique était autrefois une distraction populaire au Tibet, en Iran ou en Mongolie et son nom nous vient du Cachemire. Les officiers anglais qui l'importèrent au cours du XIXe siècle en transformèrent les règles. Deux équipes de quatre cavaliers casqués s'affrontent sur le terrain et doivent envoyer, à l'aide de leur maillet, la petite balle de bois dans les larges buts de l'adversaire. Chaque partie comprend quatre, six ou huit périodes de sept minutes et demie chacune.

Les chevaux utilisés sont le plus souvent des poneys argentins, de véritables petites merveilles de souplesse, d'harmonie, de puissance et de maniabilité, spécialement dressés pour ce sport. Ils doivent être capables de démarrer au quart de tour, de s'arrêter tout aussi vite, d'éviter un adversaire par un agile et rapide déplacement.

Le polo est un sport de suspense et d'habileté qui mériterait d'être plus répandu, mais il est vrai que la taille conséquente du terrain et la nécessité de posséder un piquet de plusieurs chevaux sont un frein à son extension.

La voltige

Élégance et souplesse sont au programme de la voltige, un mélange ludique d'équitation, de gymnastique et d'acrobatie très apprécié par les centres équestres pour la formation des cavaliers, mais aussi un sport de compétition olympique pratiqué au plus haut niveau dans plusieurs pays européens.

Lorsqu'on les regarde évoluer avec souplesse et aisance sur le dos de leur cheval, l'art des voltigeurs de haut niveau semble si facile… Et pourtant, ce sont de véritables gymnastes qui ne comptent plus leurs heures d'entraînement.
En compétition, le ou les voltigeurs déroulent leur programme en musique avec des figures imposées et des figures libres ; pour ces dernières, ils doivent rivaliser d'imagination en associant les mouvements des figures de base à leurs propres acrobaties, à la manière des patineurs artistiques. La chorégraphie a, elle aussi, une grande importance dans la notation. Cette prestation s'effectue sur un cheval au galop régulier qui est longé à main gauche – donc en cercle dans le sens inverse des aiguilles d'une montre.
Jusqu'à l'âge de 18 ans, le voltigeur peut concourir en équipe, ce qui rend possibles des portés spectaculaires.
La souplesse, la tonicité et une bonne assiette sont indispensables au voltigeur. Lors de l'exécution des figures, le corps doit être parfaitement maintenu, « gainé », les pointes de pied et les mains tendues ; les mouvements, fluides et élégants, doivent suivre l'allure du cheval.
Un cheval de voltige est choisi pour son calme, sa docilité et son galop très cadencé. Il est indispensable qu'il s'agisse d'un bon porteur et qu'il soit très bien dressé à la longe par son longeur.
Le harnachement principal se compose d'un surfaix, muni de deux poignées auxquelles s'accrochent les mains du voltigeur et de deux anses pour placer les pieds ou les jambes selon les figures. Un grand tapis épais est fixé sous le surfaix afin d'amortir les mouvements et de protéger le dos du cheval.
La voltige est aujourd'hui une discipline olympique dans laquelle, d'ailleurs, les Français se sont distingués. Elle est aussi très utilisée dans les centres équestres pour son côté ludique et se révèle un excellent apprentissage pour la mise en selle des cavaliers débutants.

Ci-contre, les voltigeurs participant à la réalisation de figures collectives spectaculaires ne peuvent concourir en équipe au-delà de l'âge de 18 ans.

Page de gauche, le cheval de voltige doit avoir un caractère calme, être porteur et posséder une bonne cadence au galop ; on dit de son dressage à la longe qu'il doit être bien « routiné ».

L'équitation western

Les principes de l'équitation western s'inspirent des méthodes de travail utilisées pour la gestion du bétail dans les grands ranchs de l'Ouest américain. Cette discipline radicalement nouvelle prend un essor considérable en Europe et engendre une véritable philosophie.

Ici, pas de rênes ajustées, de selles anglaises, de positions académiques : l'équitation western est le domaine des rênes longues, des vastes et confortables selles américaines, des éperons à molettes, des chapeaux à larges rebords, de la musique country et des longues veillées devant un feu qui réchauffe l'air nocturne…

Mais l'apparente nonchalance de ces cow-boys cache un travail minutieux où le cheval est parfaitement à l'écoute de son cavalier. Quelques indications à peine perceptibles et la monture pivote en une volte-face étonnante, un léger recul de la main et elle stoppe brutalement, un contact plus précis des mollets et elle démarre au quart de tour au galop.

Pour pratiquer l'équitation western, il est préférable de choisir une monture de race américaine ; le quarter horse, l'appaloosa ou le paint horse possèdent, grâce à des années de sélection, une conformation morphologique et un mental parfaitement adaptés à cette discipline.

Page de droite, la barrel race est une des épreuves reines de l'équitation western, elle consiste en une course de vitesse entre trois tonneaux disposés en triangle.

Ci-contre, le cheval d'équitation western, de préférence un quarter horse, un appaloosa ou un paint horse, répond à la moindre sollicitation de son cavalier.

À l'heure actuelle, l'équitation western est non seulement un loisir mais également un sport de compétition comprenant plusieurs disciplines.

Le *reining*, très pratiqué aux États-Unis, est la plus connue en France. Il consiste à effectuer dans une carrière des figures fort spectaculaires comme le *sliding stop* (arrêt glissé sur les postérieurs), le *roll-back* (demi-tour rapide) ou le *spin* (le cheval déplace les épaules en croisant les antérieurs autour d'un postérieur qui sert de pivot, et cela très rapidement et sur plusieurs tours).

En *western pleasure*, c'est l'harmonie, la décontraction du cheval et de son cavalier qui sont jugées, ainsi que les allures et le comportement de la monture.

Le *trail* sert à démontrer les qualités du cheval d'extérieur sur des obstacles divers comme le passage d'un couloir de barres au sol, d'un pont ou d'une barrière sans que le cavalier descende de sa monture.

La *barrel race* est une course de vitesse entre trois tonneaux placés en triangle. Sur ce parcours précis et chronométré, les virages sont pris à vive allure, soulevant des nuages de poussière, ce qui nécessite une célérité et une maniabilité extrêmes du cheval.

Le *cutting* consiste à mettre en valeur le sens inné du cheval pour le tri du bétail. Il doit garder une vache éloignée du troupeau et l'empêcher d'y retourner. Le cavalier, lui, n'a pas le droit de diriger sa monture en se servant des rênes.

Le *pole bending* est une épreuve chronométrée dans laquelle il faut slalomer entre six poteaux disposés en ligne droite.

Le cavalier n'a donc que l'embarras du choix pour se plonger dans l'univers western !

La randonnée

Le but de l'équitation d'extérieur n'est pas toujours la compétition et la randonnée prend de plus en plus d'importance auprès de cavaliers en quête d'espace, de liberté, de nature. Souvent, elle est aussi l'occasion de nouer avec un cheval des relations de complicité plus intenses, ce que ne permet pas une heure d'équitation hebdomadaire.

Cheminer d'un pas tranquille dans la fraîcheur d'un sentier forestier, surprendre ici un écureuil, découvrir là un chevreuil, faire s'envoler quelques faisans dans un bruissement d'ailes colorées, se laisser griser par la vitesse d'un galop effréné puis, rênes longues, reprendre son souffle et s'emplir les yeux de paysages vierges et sauvages… Et tout au long de la journée, lors des haltes ou bien le soir aux étapes, prendre soin de son compagnon de route, le nourrir, l'abreuver, le soigner…

Quel cavalier, aussi passionné soit-il par les reprises en manège et le perfectionnement équestre, peut rester insensible aux plaisirs de la randonnée à cheval et à la complicité que procurent plusieurs jours passés en étroite compagnie de sa monture?

Dans la plupart des centres équestres, des « promenades » sont organisées pour faire découvrir la campagne environnante aux cavaliers, mais la véritable randonnée ne commence que lorsque l'on passe plusieurs jours d'affilée sur un cheval. Il est bien sûr recommandé d'avoir quelques connaissances de base avant de se lancer dans cette aventure.

La race d'un cheval de randonnée n'a pas d'importance, l'essentiel étant de choisir une monture au pied sûr pour s'aventurer en terrain accidenté, aux allures confortables et possédant un bon pas – qui est l'allure la plus utilisée en randonnée; il doit aussi être calme, sociable et bien équilibré afin que la traversée d'une route fréquentée ou la rencontre d'autres chevaux ne le perturbent pas. Un petit cheval permet de passer sous des branchages sans mettre pied à terre.

En randonnée, le choix de la selle est très important. Il faut la prendre confortable et suffisamment creuse pour que les longues heures de chevauchée ne fatiguent pas, et munie d'anneaux permettant d'accrocher sacoches, fontes, vêtements ou duvets.

Seul ou en compagnie d'autres cavaliers, le randonneur vit alors au rythme de son cheval des journées de rêve, consistant à dénicher les sentiers les plus agréables, à éviter le bitume des routes, à rechercher les points de vue les plus époustouflants, à s'arrêter aux endroits les plus pittoresques, à prévoir des haltes dans d'accueillants hameaux, à choisir quelques gîtes pour que chevaux et cavaliers prennent un repos nocturne bien mérité sur fond de feu de bois et de veillées…

De nombreux guides de randonnées proposent des séjours et des circuits organisés dans tous les coins du monde. La plupart d'entre eux sont des professionnels aguerris et fiables; partir en leur compagnie permet d'associer une aventure prodigieuse à un séjour exempt des risques de la randonnée en solitaire.

Page de gauche, quelques jours de chevauchée et de soins constants passés en étroite compagnie avec son cheval, seul ou en groupe, permettent d'établir une complicité sans égale avec sa monture.

Double page suivante, les chevaux de randonnée doivent avoir le pied sûr, un bon pas, être calmes, sociables et bien équilibrés. La selle est creuse et confortable.

Ci-contre, la randonnée, outre le plaisir de chevaucher en liberté, est l'occasion de découvrir des paysages sauvages et déserts, comme ici les collines du Bourbonnais.

L'attelage

L'homme a inventé l'attelage, l'art de tracter une voiture avec un cheval que l'on dirige à l'aide de brides, avant même d'avoir eu l'idée de monter sur le dos de l'animal. Utilisé pendant des millénaires, l'attelage avait été relégué aux oubliettes par la mécanisation, mais il renaît aujourd'hui sous la forme d'une discipline équestre de plus en plus prisée.

« L'attelage, dit Bernard Lecointe, est l'art de capter la force animale par l'intermédiaire d'un lien souple appelé harnais, afin de déplacer une charge principalement représentée par une voiture. » Cet art ne date pas d'hier puisque les premières traces d'animaux attelés remontent à plus de cinq mille ans et, jusqu'à ce que le moteur ne remplace totalement l'animal, dans la première moitié du XXe siècle, l'attelage a été présent dans tous les instants de la vie quotidienne, qu'elle soit paysanne ou citadine, agricole ou industrielle, noble ou roturière, guerrière ou bucolique, princière ou populaire… Tombereau, charrette, calèche, fiacre, diligence, dresseuse, phaéton, landau, coupé, tonneau, break, tilbury, victoria, draisine, jardinière… Des dizaines de noms aujourd'hui oubliés désignaient les différentes voitures en fonction de leur forme et de leur utilisation.

Mais l'art de l'attelage n'est pas mort et il attire aujourd'hui un nombre croissant d'adeptes, pour le plaisir de la promenade en famille ou dans le cadre de compétitions de plus en plus nombreuses et spectaculaires. C'est une discipline équestre complexe, aux multiples combinaisons selon le nombre et le type de chevaux utilisés et la nature des voitures. Les meneurs attellent des poneys, des chevaux de trait ou de selle, à un, deux, quatre chevaux ou plus, et les concours d'attelage se partagent généralement en quatre épreuves permettant d'apprécier le dressage des chevaux et l'adresse des meneurs.

La première épreuve, la présentation, concerne l'aspect esthétique de l'attelage : l'allure, le maintien et le toilettage des chevaux, la tenue et la prestance des meneurs et des voitures. La deuxième, le dressage, permet d'évaluer le calme, l'impulsion et la régularité des chevaux. Un parcours d'extérieur, le marathon, sert à apprécier l'aptitude des meneurs et l'endurance des chevaux. Enfin, une épreuve de maniabilité met en évidence la dextérité du meneur et la souplesse des chevaux.

L'attelage est une discipline qui, après avoir été réservée pendant de longues années à quelques amateurs, devient très populaire. Compétitions, présentations et spectacles d'adresse attirent de nombreux spectateurs.

Les épreuves d'attelage sont destinées à apprécier le dressage des chevaux, la dextérité des meneurs et l'aspect esthétique des attelages.

Le ski-jöring

Les amoureux des chevaux qui se passionnent aussi pour les sports de glisse ne peuvent être qu'enthousiastes devant cette nouvelle discipline. Pour la pratiquer, trois ingrédients sont indispensables : de la neige – ou du sable mouillé ou encore de l'herbe –, un cheval et un pratiquant chaussé de skis – ou de rollers. Spectacle et émotion garantis !

Sport spectaculaire, le ski-jöring se pratique avant tout sur la neige, mais aussi sur l'herbe ou sur le sable, comme ici lors d'une étape du championnat de France à Saint-Jean-de-Monts, en Vendée.

Ce sont dans les pays scandinaves que l'on retrouve les origines du ski-jöring – ou ski-joering. C'est en effet en Suède que des traces de cette discipline, datant de 2 500 av. J.-C., ont été retrouvées. Dans les zones enneigées et isolées, les habitants avaient imaginé cette pratique, le *Shörekjöring*, comme un moyen de locomotion efficace. Depuis le début du XXe siècle, les Suisses ont eu l'idée de développer cette discipline comme un sport équestre en organisant en 1906, à Saint-Moritz, les premières courses de ski tracté par des chevaux.

En France, ce n'est que depuis les années quatre-vingts que le ski-jöring a fait son apparition grâce à l'association française Ski-jöring 2000, qui en assure la promotion. Les premiers championnats de France de ski-jöring ont démarré en janvier 2002 en Savoie, pour se terminer en septembre 2002 à Saint-Jean-de-Monts, en Vendée. En effet, cette discipline, si elle se pratique généralement sur la neige, peut également se dérouler sur l'herbe ou sur le sable mouillé.

Désormais, la Fédération française de ski-jöring, sous l'égide de la Fédération française d'équitation, a décidé de développer ce nouveau sport en France. Le cheval est donc équipé d'un harnais sur lequel sont fixées de longues rênes tenues par le meneur ainsi que les brancards, au bout desquels se situe la barre à laquelle le cavalier se tient. Entre ces deux brancards est placée une bâche tendue afin d'éviter les projections de neige ou de terre. Le « cavalier », quant à lui, est équipé de skis alpins ou de rollers, selon la surface choisie. Il est évident qu'outre le sens du cheval, le sportif doit posséder un certain niveau de ski pour skier en parallèle. Il est donc aussi meneur et doit posséder en plus de bonnes notions d'attelage. Le skieur est tiré par le cheval en se cramponnant d'une seule main au palonnier en bois ; il dirige le cheval avec les deux rênes longues de l'autre main.

Cette discipline se pratique pour la simple promenade, le ski artistique, la vitesse ou le slalom. En compétition, l'épreuve, combinée, comporte slalom, géant et vitesse. Pour le slalom, le cheval se déplace en ligne droite tandis que le skieur passe des chicanes ; pour le géant, cheval et skieur passent des portes ; et enfin le test de vitesse permet d'apprécier la puissance du cheval et la capacité de contrôle du skieur.

Aucune race particulière n'est favorisée pour le skijöring ; il suffit que le cheval ne soit pas émotif, qu'il ait déjà été attelé et qu'il réponde bien à la voix, aptitude indispensable pour assister une conduite parfois un peu aléatoire. Pour la compétition, le cheval devra aussi être vif et particulièrement maniable. Mais pour le plaisir, le tracteur peut être trotteur, poney et même shetland. Le principal est de s'amuser !

Les courses hippiques

Des chevaux bondissant sur la piste d'un hippodrome, des spectateurs tendus pour voir si leur favori sera le plus rapide et accompagnant les coursiers de clameurs d'encouragement à l'approche du poteau d'arrivée... Les courses de chevaux attirent toujours un important public car il faut dire que le spectacle est superbe et l'ambiance extraordinaire.

C'est vers 1370 que les premières courses de chevaux ont eu lieu en France, à Semur-en-Auxois, à l'occasion de foires et de fêtes locales. Puis, sous Louis XIV, se déroulèrent des courses avec paris. Celles-ci n'étaient pas encore réglementées, et ce n'est qu'en 1788 qu'eut lieu la première course officielle, réservée aux juments françaises et étrangères : le prix du Plateau du Roi. Dès 1805, des courses départementales pour les chevaux français furent organisées dans l'Orne, en Corrèze, dans le Morbihan et les Hautes-Pyrénées, entre autres. En 1823 naît l'hippodrome du Pin ; en 1830, le premier steeple-chase est organisé à Jouy, et en 1832 a lieu la première course de trot. L'année suivante, sous le patronage des ducs d'Orléans et de Nemours, de la Société d'encouragement pour l'amélioration des races de chevaux en France est fondé. Le duc d'Aumale loue à long terme les pelouses de Chantilly. Les premières courses de haies ont lieu en 1835. Un peu plus tard, on aménage des hippodromes à la Croix-de-Berny, à Craon, à Dieppe, à Pau, etc. En 1836 est créé le prix du Jockey-Club.
Seules certaines races de chevaux, dites de sang, peuvent prétendre participer aux courses : pur-sang anglais, arabe, anglo-arabe, trotteur français et selle français. Les courses de plat sont ouvertes principalement aux pur-sang anglais, mais certaines autres sont réservées aux AQPS (autres que pur-sang) : arabe, anglo-arabe et selle français. Les courses de trot concernent les trotteurs français, sauf s'il s'agit de courses internationales ou européennes, dans lesquelles toutes les races de trotteurs peuvent s'affronter. En ce qui concerne les courses d'obstacles, appelées aussi steeple-chases, elles sont en principe accessibles aux pur-sang anglais.
La carrière des chevaux de course est programmée avant même leur naissance. En effet, la période de saillie est limitée de façon à ce que les poulains naissent à la fin de l'hiver ou au tout début du printemps. A contrario des chevaux de sport de toutes disciplines, tous ces coursiers, quel que soit leur mois de naissance, auront leur anniversaire le 1er janvier de l'année. Après avoir été *foals* jusqu'au 31 décembre de leur année de naissance, ils se nommeront *yearlings* à l'âge d'un an. C'est là que commence leur carrière. Un véritable entraînement démarre jusqu'à l'âge de deux ans, où ils participent à leurs premières courses sur de courtes distances, et ce n'est qu'à l'âge de trois ans

Ci-dessus, le pur-sang anglais, le plus rapide des chevaux est un véritable athlète, particulièrement prisé des coureurs hippiques.

Page de gauche, un trotteur part à l'entraînement. Les courses de trot sont l'occasion de spectacles magnifiques car l'allure mécanique du cheval tranche avec la légerté du sulky qui glisse derrière lui.

qu'ils sont prêts à courir des épreuves plus importantes. La période sportive du galopeur est relativement courte – cinq ou six ans –, alors que celle du trotteur peut durer dix ans.

Le PMU (Pari mutuel urbain) est une organisation unique en Europe par sa nature, sa taille et son savoir-faire dans le domaine du jeu. Depuis 1998, il améliore ses performances au service de ses clients, de ses partenaires et de la filière française du cheval, dont il assure l'essentiel du financement. Cette société a pour mission d'organiser, de promouvoir, de commercialiser et de traiter les paris sur les courses de chevaux. Elle assure l'enregistrement des paris, le calcul des rapports et le paiement des gains aux parieurs. Groupe d'intérêt économique, le PMU réunit cinquante-quatre sociétés de courses, dont deux sociétés mères, qui réglementent les courses, chacune dans sa spécialité : France Galop pour le plat et l'obstacle, la Société du cheval français pour le trot.

Placé sous la tutelle des ministères de l'Agriculture et du Budget, le PMU est au cœur de l'activité hippique française et fournit aux sociétés de courses les moyens nécessaires à leur activité : l'amélioration des races de chevaux par l'élevage et la compétition. En cela, le monde des courses fait partie intégrante du développement du cheval en France.

Ci-dessus, les chevaux « sous les ordres » attendent, surexcités, l'ouverture des portes vers la piste et le début de la course.

Page de droite, pour être les premiers au poteau d'arrivée, chevaux et jockeys sont soumis à un très long travail d'entraînement.

L'équitation spectacle

Des figures de haute école au folklore, du cirque aux prouesses d'étonnants saltimbanques, les chevaux participent depuis toujours à la féerie du spectacle. Autrefois soumis et asservis par la contrainte, les chevaux de spectacle sont devenus aujourd'hui les complices de dresseurs passionnés et attentifs à leur bien-être.

Le cheval a toujours été un animal très apprécié dans les spectacles, sans doute grâce à sa noblesse et à sa beauté, mais certainement plus encore en raison de son aptitude à reproduire figures et actions enseignées par ses dresseurs. Rome et Byzance déjà présentaient des chevaux dans leurs spectacles de cirque antique. Au Moyen Âge, les chevaliers s'affrontaient dans des tournois où les destriers caparaçonnés comptaient pour beaucoup dans la réussite du spectacle. Au XVIe siècle, les nobles andalous combattaient à cheval les taureaux dans l'arène, tandis qu'au Maroc les guerriers se défiaient dans des fantasias équestres reproduisant des simulacres de combat, et qu'en Europe la noblesse dansait à cheval dans des carrousels rivalisant de parade et d'adresse sur des montures aux riches harnachements. Plus tard, dans l'Ouest américain, les cow-boys mettaient en scène les pires moments de leur travail dans des spectacles de rodéo, alors que les écuyers du Cadre noir de Saumur dévoilaient les subtils talents de leur art équestre dans des carrousels qui firent le tour du monde et qui sont encore programmés chaque année dans les plus hauts lieux du spectacle.

Aujourd'hui, des dresseurs rivalisent de complicité avec leurs chevaux pour présenter d'étonnantes cascades, des acrobaties fabuleuses et des scènes où l'intelligence de l'animal est valorisée. Les différents Salons du cheval organisés à travers l'Europe sont l'occasion de découvrir ces spectacles, et plus particulièrement Cheval passion, à Avignon, qui organise chaque année la représentation des Crinières d'or, où sont proposées les plus étonnantes représentations mettant en scène des chevaux.

Ci-contre, une des cascades équestres des Hasta Luego, une famille d'extraordinaires artistes cavaliers.

Page de gauche, les spectacles de chevaux en liberté rivalisent d'esthétisme et d'ingéniosité. Ils montrent les chevaux dans des attitudes époustouflantes qui surprennent sans cesse le public.

Double page suivante, cascadeur et dresseur prodigieux, Lorenzo exécute des sauts d'obstacles debout sur la croupe de ses camargues et de ses lusitaniens lancés en plein galop.

Héritières de la voltige et du dressage le plus fin, les cascades équestres nécessitent une étroite connivence entre l'homme et le cheval. Lancé au grand galop, l'animal ne doit pas se soucier des pirouettes qu'exécute son complice, sur son dos, à terre, sur le côté ou même sous son

TELUS

NATIONAUX

Ci-dessus, Mario Luraschi, l'un des plus grands dresseurs-cascadeurs équestres, possède un sens inné du cheval. Sans jamais mettre leur vie en danger, il obtient de ses compagnons des exploits invraisemblables lors des cascades prodigieuses qu'il met en scène dans ses spectacles ou pour le cinéma.

Ci-contre, un écuyer du célèbre Cadre noir de Saumur, créé au XIXe siècle lorsque Saumur était le lieu de formation des unités de la garde impériale, de la garde royale et de la cavalerie républicaine, et dont les carrousels, programmés dans les plus grands lieux de spectacle, font aujourd'hui encore le tour du monde.

Page de droite, Magali Delgado et son cheval blanc se changent en centaure dans un époustouflant numéro de dressage présenté aux Crinières d'or du Salon Cheval passion, à Avignon.

ventre. Chevaux et cascadeurs sont présents dans les films mettant en scène des poursuites à cheval, des batailles, des chutes spectaculaires où l'animal tombe dans un nuage de poussière et ne se relève pas. Mais cela est le résultat de longues séances de dressage dans lesquelles le cheval apprend progressivement à répondre par des attitudes exceptionnelles à des sollicitations banales.

Chevaux de cirque

Souples et légers, des chevaux de tout poil martèlent la sciure des pistes depuis que le cirque existe. Les spectacles actuels sont nés en Angleterre et à Paris vers la fin du XVIIIe siècle et au début du XIXe, avec les numéros de dressage des Franconi. Si le maître d'équitation François Baucher présentait, à la même époque, ses airs de haute école sous un chapiteau, la plupart des spectacles de cirque reposaient sur l'aptitude d'un animal à exécuter des actions inattendues ou exceptionnelles, comme « répondre » oui ou non, rapporter un objet, faire le mort, saluer, etc. Pour obtenir les comportements souhaités, les artistes s'appuyaient sur les réflexes pavloviens, à savoir bénéficier d'une friandise à chaque geste bien exécuté. Ce renforcement positif, à l'instar des nouveaux maîtres, des chuchoteurs, permet encore aujourd'hui aux artistes d'obtenir de leurs chevaux une entente exceptionnelle.

Les inconditionnels de la piste, les Bouglione, les Grüss ou les Zingaro, fondent leurs spectacles sur une complicité admise par l'animal plutôt que sur la contrainte.

Ces chevaux artistes de cirque doivent leur aisance au long travail de leur dresseur, qui leur enseigne avec patience toute la finesse d'un spectacle harmonieux : s'asseoir, se cabrer, saluer, marcher sur les postérieurs, reculer, mais aussi les figures les plus prestigieuses de la haute école : appuyers, passages, piaffers, croupades ou cabrioles. Le cirque équestre est une institution où se marient habilement les plus solides bases de l'équitation, les meilleurs exercices de voltige et une complicité parfaite entre l'homme et le cheval.

Dans son cirque à l'ancienne, Alexis Grüss met en scène les plus belles traditions du travail équestre et de l'art du dressage.

Sur la scène

De nombreux spectacles équestres permettent d'apprécier l'exceptionnelle collusion pouvant exister entre l'homme et le cheval. Les spectacles en question sont tour à tour humoristiques, impressionnants, charmants, gracieux, tendres ou émouvants, mais chacun d'entre eux témoigne toujours d'une formidable entente. Ces théâtres du cheval, célèbres ou non, provinciaux ou parisiens, restent une occasion inespérée de découvrir le cheval sous un aspect convivial, amical et chaleureux et de goûter les talents exceptionnels de ces artistes hors pair.

Le talent de Mario Luraschi

Dresseur talentueux, Mario Luraschi a largement contribué aux succès de nombreuses productions cinématographiques. Dans tous les films mettant en scène des chevaux, Mario n'est jamais très loin dans les coulisses, et il a effectué un long et patient travail durant les mois précédents. Le cheval tombe, exécute mille prouesses, écoute chuchoter son maître, fait le clown... Mario est l'artisan anonyme qui a sculpté l'œuvre finale. Il a également transmis le sens du cheval à de nombreux acteurs : Louis de Funès, Sophie Marceau, Gérard Depardieu, Christian Clavier et bien d'autres. Doté d'une perception exceptionnelle du cheval, il sait lui faire exécuter en finesse ce qu'il souhaite, en parfaite compréhension et harmonie. Cascades spectaculaires, tours de cirque ou attitudes inattendues, Mario sans conteste, en véritable homme de cheval, comprend la gent équine et sait lui parler.

La magie du Musée vivant du Cheval

S'il est une prestigieuse vitrine des dispositions exceptionnelles du cheval, c'est bien le Musée vivant du Cheval, à Chantilly, dans l'Oise. À l'initiative d'Yves Bienaimé assisté de sa famille, ce lieu magique recèle des trésors enviés de l'histoire du cheval. Très anciens mors, selles, harnachements s'exposent avec une collection impressionnante de soldats de plombs, de tableaux, de sculptures et autres gravures. De salle en salle, le visiteur passe du monde de la maréchalerie à celui des courses, de la cavalerie à l'anatomie, de l'art à la pratique, du rêve à la réalité. Mais, plus qu'une exposition, le Musée vivant du Cheval a une âme exceptionnelle et propose à ses nombreux visiteurs des spectacles hors pair où pratique affinée du cheval se marie à merveille avec sensibilité. Pour s'en convaincre, il suffit d'assister aux spectacles de Noël proposés par le musée. Chaque année différente, cette présentation charme les petits comme les grands pour sa poésie, son humour et son charme. Un endroit féerique où l'amour et la passion du cheval ne sont pas de vains mots...

Zingaro ou l'art du spectacle équestre

Fondateur du théâtre Zingaro, Bartabas s'est passionné pour les chevaux et l'art équestre depuis son plus jeune âge. En 1983, il crée le théâtre Zingaro (terme qui, en italien, signifie zigane), dans lequel il met en scène son cheval préféré, un superbe frison. Dans ce théâtre, installé près du fort d'Aubervilliers, la troupe Zingaro marie à merveille l'art du théâtre à celui de l'équitation.

Bartabas met en scène de nombreux spectacles, chacun inspiré par la musique : de 1984 à 1990, la série de spectacles *Cabaret équestre*, en 1991, *l'Opéra équestre*, en 1994, *Chimère*, en 1997 *Éclipse*. Malgré la mort de son cheval Zingaro, il monte en 2000 un nouveau spectacle, *Tryptik*, puis, en 2003, *Loungta, les chevaux de vents*. Cette même année, il crée l'Académie du spectacle équestre, installée dans le prestigieux site des Grandes Écuries du château de Versailles.

Dans tous les tableaux de ses spectacles, Bartabas allie avec beaucoup de sensibilité la poésie, un jeu de dressage, danse et acrobaties, lumières, costumes et musique, art équestre, théâtre, cirque et opéra. Cet artiste poète laisse parler le cheval et précise qu'il lit l'éternité dans les yeux des chevaux, un monde merveilleux qui n'est pas encore habité par l'homme. Depuis près de vingt ans maintenant, la compagnie Zingaro connaît un succès grandissant en Europe comme aux États-Unis.

En 2003, dans *Loungta, les chevaux de vents*, Bartabas (ci-dessus) s'est inspiré du timbre grave des « voix de buffle » des moines de Guyto.

Carnet pratique

Des galops pour un parcours

Si les galops ne sont pas indispensables pour la pratique de l'équitation, ils ont déjà le mérite de servir à tester les connaissances et le niveau du cavalier. Et si ce dernier souhaite participer à des compétitions équestres ou suivre une formation pour exercer un métier dans ce milieu, ces fameux galops deviennent alors obligatoires.

Après les anciens 1er et 2e degrés, les éperons et étriers de bronze et d'argent, ce sont désormais les galops qui valident les connaissances des cavaliers. Simple challenge personnel ou passage obligé pour faire de la compétition, les galops motivent nombre de cavaliers. Pour tenter le passage de ces multiples examens, il est nécessaire que le cavalier s'inscrive dans un centre équestre. Là, il pourra obtenir sa licence d'équitation et le passeport sur lequel les galops acquis seront inscrits au fur et à mesure. Savoir bien monter à cheval nécessite évidemment de nombreuses heures d'équitation car, bien sûr, l'apprentissage de la pratique est primordial. Cependant, il ne faut pas négliger pour autant la théorie, qui se révèle essentielle pour chacun des galops. Si, pour le galop 1 par exemple, le cavalier doit au minimum connaître les principales parties du corps, les robes et le vocabulaire de base, ce même cavalier, pour le galop 6, devra avoir des connaissances bien plus approfondies sur l'anatomie et la physiologie du cheval, devra comprendre et savoir expliquer le mécanisme des allures, et connaître les problèmes liés à l'anatomie.

Galop 1

Pour le premier de la série des galops, le jeune cavalier doit pouvoir aborder son cheval, lui mettre un licol, être capable de le débrider et le desseller correctement. Par ailleurs, il doit pouvoir se déplacer aux trois allures et conduire sa monture sur de larges courbes. Il doit également être capable de nommer les parties principales de l'anatomie extérieure du cheval et connaître quelques règles essentielles sur la santé du cheval et la sécurité du cavalier.

Galop 2

D'un point de vue pratique, le cavalier, après avoir réalisé le pansage de son cheval, après l'avoir bridé et sellé, doit pouvoir se déplacer aux trois allures en variant de l'une à l'autre à la demande. Et si, pour le galop 1, il fallait conduire son cheval au pas sur de larges courbes, il s'agit maintenant de savoir tourner à des endroits précis et en suivant des courbes plus serrées et avec des aides plus précises. Le cavalier doit également pouvoir passer des cavaletti – barres successives posées au sol – en équilibre sur ses étriers et maîtriser le galop.

Galop 3

Après avoir vérifié le bon état de son cheval et ajusté l'harnachement, le candidat doit savoir le diriger aux trois allures, et ce même individuellement. Il doit pouvoir conduire son cheval au trot sur des courbes serrées et savoir partir au galop sur le bon pied. Sur des obstacles ou en terrain varié, le cavalier doit être capable de réaliser des sauts isolés en conduisant efficacement son cheval à l'abord et à la réception. En ce qui concerne le pansage, complet, il doit être allié à l'inspection et aux soins des pieds, à la vérification des membres et du corps. Le candidat doit également savoir comment on entretient une litière.

Galop 4

Le cavalier possède une bonne connaissance de l'entretien, des besoins, de la locomotion et du comportement de sa monture ; il doit être autonome aux trois allures en terrain varié et lorsqu'il enchaîne des sauts. Au pas, il doit être capable de déplacer les hanches de son cheval, d'inverser et d'enchaîner des courbes serrées. Il doit avoir un bon équilibre au trot assis, pouvoir contrôler sa vitesse et ses changements de direction, inverser et enchaîner de larges courbes. Au galop, il faut qu'il sache stabiliser son équilibre, partir du pas au galop sur le bon pied, contrôler sa vitesse et conduire sur de larges courbes. Sur les obstacles, le candidat doit être capable de rechercher son équilibre sur les étriers en enchaînant des sauts isolés et en maintenant sa vitesse. Sur le plan théorique, il doit avoir de bonnes connaissances sur l'alimentation, les soins quotidiens et le comportement équin, ainsi que sur les règles de sécurité, l'accord des aides et le mécanisme du galop. Le cavalier doit également savoir poser des protections : protège-boulets, cloches, bandes de polo et guêtres de transport.

Galops 5 à 9 généraux

Quand ils ne sont pas spécialisés, ces galops préparent le cavalier à des connaissances et une pratique plus complètes ; ce dernier doit également faire preuve de dispositions dans les trois grandes disciplines de l'équitation : dressage, saut d'obstacles et cross.

• Galop 5

Le cavalier doit être capable de présenter un cheval stable dans ses allures et dans son attitude. L'accent est également mis sur le saut d'obstacles aussi bien en carrière qu'en cross.

• Galop 6

Il permet d'approfondir ses connaissances en matière d'hippologie du cheval, de comprendre le mécanisme des allures, l'anatomie et les problèmes qui y sont liés. Bien entendu, ce galop doit justifier d'une pratique plus affinée.

• Galop 7

Il doit valider la maîtrise complète du cheval dans les trois disciplines : dressage, saut d'obstacles et cross. Ce galop permet également d'obtenir la licence de compétition de 4e catégorie en dressage, Cso et Cce, et signe ainsi la polyvalence du cavalier.

• Galop 8

Il permet d'acquérir les compétences d'un cavalier de concours complet. Par ses connaissances théoriques, il faut savoir identifier les symptômes des affections courantes et pouvoir exécuter alors les soins nécessaires. En bref, avec le galop 8, le cavalier doit être capable de s'occuper parfaitement de son cheval.

• Galop 9

Le candidat doit pouvoir préparer à la perfection son cheval pour les exigences des épreuves de Cce. Au niveau des connaissances – dernier galop pour les vérifier –, tous les domaines doivent être complètement acquis tant au niveau de l'équitation et de l'environnement culturel que de l'histoire et des soins.

Galops 5 à 9 spécialisés

Les galops spécialisés préparent le cavalier à des connaissances et à une pratique très complètes. Six disciplines sont, pour l'instant, concernées par ces galops.

• Saut d'obstacles

Les galops 1 à 7 sont quasiment identiques aux galops généraux ; ce n'est qu'au galop 8 que la spécialisation au saut d'obstacles est plus active, en délaissant bien sûr la pratique du dressage et du cross.

• Dressage

La spécialisation s'opère à partir du galop 5.

• Amazone

Les galops 1 à 7 sont identiques aux généraux mais, pour les tests d'équitation, seules les épreuves de dressage et de saut d'obstacles sont présentes en amazone. L'épreuve de cross, elle, se déroule à califourchon. Les cavalières peuvent cependant se spécialiser à n'importe quel moment de leur cursus.

• Voltige

Le harnachement est bien entendu particulier pour les neuf galops. Deux filières existent : adolescents/adultes et jeunes. Pour cette dernière, les connaissances requises sont simplifiées.

• Attelage

Les neuf galops impliquent les mêmes connaissances que les galops généraux, mais la pratique se déroule en attelage.

• Équitation Camargue

C'est une équitation de travail qui implique, pour les premiers galops, des connaissances s'approchant de celles des autres disciplines. Ensuite, d'importantes différences apparaissent rapidement, comme l'équitation d'extérieur et le travail au troupeau : savoir trier le bétail, taureaux ou chevaux.

Le cheval en vitrine

De nombreux Salons mettent chaque année le cheval en vitrine dans ses diverses races et utilisations. Le Salon du cheval de Paris, le plus ancien, est désormais concurrencé par de grandes manifestations régionales souvent passionnantes, comme Cheval passion à Avignon, Équita'Lyon ou le Salon du cheval de Montpellier, et de nombreux Salons plus modestes se créent chaque année, comme ceux de Tarbes ou d'Auxerre. On peut y côtoyer toutes les races d'équidés, rencontrer des éleveurs, des fabricants de matériel, des spécialistes de l'attelage, des responsables de centres équestres, des guides de randonnée qui proposent des séjours d'aventure dans tous les coins du monde, ou encore s'émerveiller devant les multiples spectacles et concours.

Cheval passion
Avignon, parc des Expositions
8, impasse de l'Oratoire – BP 88
84006 Avignon
Tél. : 04 90 84 02 04
Fax : 04 90 84 02 98
Internet : *www.cheval-passion.com*
E-mail : *contact@cheval-passion.com*
Ce Salon annuel, spécialisé dans les races et les formes d'équitation du Bassin méditerranéen, a lieu pendant cinq jours à la mi-janvier. À ne pas manquer pour le spectacle des Crinières d'or.
Organisé par Avignon Organisation.

Country Show (Salon des sports et loisirs de la nature)
Paris, hippodrome de Longchamp
Bois de Boulogne – 75016 Paris
Tél. : 01 41 40 31 39
Fax : 01 41 40 32 55
Internet : *www.countryshow.com*
De nombreux stands sur les activités de plein air et les métiers se rattachent à quatre grands thèmes : le cheval, la chasse, la pêche et le golf. Le cheval y est bien représenté, avec un concours de saut d'obstacles de niveau national.
Organisé par Larivière.

Équestria, festival de la création équestre
Tarbes, jardin Massey
3, cours Gambetta
65000 Tarbes
Tél. : 05 62 51 30 31
Fax : 05 62 44 17 63
Internet : *www.tarbes.com*
E-mail : *accueil@tarbes.com*
Il présente chaque année, en juillet, le meilleur de la création artistique équestre : spectacles, peintures, sculptures… Avec un village d'exposants, des ateliers d'initiation et des concerts.
Organisé par l'office de tourisme de Tarbes.

Équita'Lyon
Lyon, Eurexpo
140, cours Charlemagne
69002 Lyon
Tél. : 04 72 77 45 85
Fax : 04 78 29 06 58
Internet : *www.equitalyon.com*
E-mail : *equita@package.fr*
À la mi-novembre, ce Salon, qui existe depuis 1995, présente toutes les nouveautés de l'équipement, de la sellerie, de l'alimentation, des vans… Presse, édition, objets d'art, habillement du cavalier, etc., en font également partie. Nombreux spectacles et animations présentant une quarantaine de troupes différentes. Baptêmes à poney et initiation à l'école du cirque sont organisés pour les enfants. Il propose également des compétitions avec les finales de CSO, le jumping national, des démonstrations de dressage et d'attelage.

Salon du cheval de Montpellier
Montpellier, parc des Expositions
BP 2116
34026 Montpellier Cedex 1
Tél. : 04 67 17 67 17
Fax : 04 67 17 67 00
Internet : *www.cheval-montpellier.com*
Fin octobre-début novembre, un Salon où les camargues, mais également les chevaux ibériques, l'École royale andalouse d'art équestre de Jerez, les lusitaniens, les pure race espagnoles sont en vedette, avec de multiples concours.
Organisé par SAEM Le Corum.

Salon du cheval, du poney et de l'âne
Paris, porte de Versailles
55, quai Le-Gallo – BP 317
92107 Boulogne Cedex
Tél. : 01 49 09 60 00
Fax : 01 49 09 61 58
Internet : *www.salon-cheval.com*
E-mail : *ndecoret@comexpo-paris.com*
Depuis 1977, ce Salon ouvre ses portes au début du mois de décembre. Pendant neuf jours, spectacles, expositions de matériel, animations et compétitions se succèdent. Toutes les races et les disciplines équestres sont largement représentées.
Organisé par Comexpo.

Spectacles et musées

Musée vivant du Cheval
Grandes Écuries – BP 60242
60631 Chantilly Cedex
Tél. : 03 44 57 13 13
Fax : 03 44 57 29 92
Internet : *www.musee-vivant-du-cheval.fr*
E-mail : *info@musee-vivant-du-cheval.fr*

Académie du spectacle Équestre
Manège de la Grande Écurie de Versailles
78000 Versailles
Tél. : 01 39 02 07 14
Fax : 01 39 02 07 96
Internet : *www.acadequestre.fr*
E-mail : *info@acadequestre.fr*

Cirque à l'ancienne Alexis Grüss
Pour connaître les dates et lieux des spectacles, se renseigner auprès du siège social :
41, avenue Corentin-Cariou
75019 Paris
Tél. : 01 40 36 08 00
Internet : *www.alexis-gruss.com*

Zingaro
Pour connaître les dates et les lieux des spectacles que propose ce cirque, se renseigner auprès du siège social :
176, avenue Jean-Jaurès
93300 Aubervilliers
Tél. : 01 48 39 18 03
Internet : *www.theatre-zingaro.com*

Musée du Cheval
Château de Saumur
49400 Saumur
Tél. : 02 41 40 24 40

Musée vivant du Cheval de trait et de l'attelage
Rue Dubreuil
43420 Pradelles
Tél. : 04 71 00 87 87

Fédérations et associations

Association des cavaliers de courses amateurs de France (ACCAF)
133, rue du Faubourg-Saint-Honoré
75008 Paris
Tél. : 01 53 75 25 60
Fax : 01 45 61 90 38

Association des cavaliers de saut d'obstacles français (ACSOF)
16, rue de Marignan – 75008 Paris
Tél. : 01 56 59 67 00
Fax : 01 56 59 67 01
Internet : www.acsof.net
E-mail : *acsof@wanadoo.fr*

Association française d'attelage (AFA)
44, rue de Laborde – 75008 Paris
Tél./Fax : 01 44 70 98 99
Internet : *perso.wanadoo.fr/a.delignieres/afa/afa0.htm*

Association française des cavaliers de dressage (AFCD)
Les Cèdres
27130 Courteilles
Tél. : 02 32 32 23 96

Association française d'équitation western (AFEW)
18, rue de la Jacterie
27160 Le Guéroulde
Tél. : 02 32 34 88 09
Internet : *www.membres.lycos.fr/afew/*

Association française des propriétaires de chevaux de sport (APCS)
100, avenue Raymond-Poincaré
75116 Paris
Tél. : 01 44 17 78 78

Association Skijöring 2000
Hippodrome Côte-d'Azur
06800 Cagnes-sur-Mer
Tél. : 04 92 02 44 44
Fax : 04 94 20 71 28
Internet : *www.planet-horse.com/skijoering*
E-mail : *jrepaux@aol.com*

Centre d'hébergement des équidés martyrs (CHEM)
6, rue de la gare – 45600 Villemurlin
Tél. : 02 38 36 07 01
Fax : 02 38 36 17 20
Internet : *www.le-chem.com*
E-mail : *le.chem@le-chem.com*

Centre national de tourisme équestre (CNTE)
9, boulevard McDonald – 75019 Paris
Tél. : 01 53 26 15 50
Fax : 01 53 26 15 51
Internet : *www.tourisme-equestre.fr*

Chambre syndicale du commerce des chevaux en France (CSCCF)
18190 Saint-Loup-des-Chaumes
Tél. : 02 48 63 67 06
Fax : 02 48 63 67 08
Internet : *www.csccf.com*

Fédération équestre internationale (FEI)
Avenue Mon-Repos 24 – BP 157
1000 Lausanne 5 – Suisse
Tél. : 00 41 21 312 56 56
Fax : 00 41 21 310 47 60
Internet : *www.fei.ch*

Fédération française d'équitation (FFE)
81-83, avenue Edouard-Vaillant
Le Quintet – Bât. E
92517 Boulogne-Billancourt Cedex
Tél. : 01 58 17 58 17
Fax : 01 58 17 58 00
Internet : *www.ffe.com*

FFE Club (licences et examens)
Parc équestre fédéral
41600 Lamotte-Beuvron
Tél. : 02 54 94 46 46
Fax : 02 54 94 46 47
Internet : *www.ffe.com*

Fédération française handisport (FFH)
44, rue Louis-Lumière – 75020 Paris
Tél. : 01 40 31 45 00
Fax : 01 40 31 45 42
Internet : *www.handisport.org*

Fédération française des relais d'étape de tourisme équestre (FRETE)
La Mairie
58800 Corbigny
Tél. : 03 86 20 18 85
Fax : 03 86 20 08 04
Internet : *www.chevalfrance.org*

France Galop
46, place Abel-Gance
92655 Boulogne cedex
Tél. : 01 49 10 20 30
Internet : *www.france-galop.com*

Groupement de recherche des équidés volés (GREV)
Moulin de Sablons
Le Gué des Sablons
61290 Malétable
Tél. : 02 33 83 53 53 ou 02 33 25 71 44
Fax : 02 33 25 17 90
Internet : *www.hippoplus.com/accesdirect/protection.asp*

Ligue française pour la protection du cheval (LFPC)
124, rue du Vieux-Pont-de-Sèvres
92100 Boulogne-Billancourt
Tél. : 01 46 21 49 00
Fax : 01 64 36 21 68
Internet : *www.lfpc.asso.fr*

Œuvre du domaine de Pech-Petit
54, avenue du Maréchal-de-Tassigny
BP 5036
59705 Marcq-en-Barœul Cedex
Tél. : 03 20 72 14 67
Internet : *www.pechpetit.com*
E-mail : *pechpetit@free.fr*

Société du cheval français (SCF)
7, rue d'Astorg
75008 Paris
Tél. : 01 49 77 17 17
www.*cheval-francais.com*

Société hippique française (SHF)
16, avenue de la Bourdonnais
75007 Paris
Tél. : 01 53 59 31 31
Fax : 01 53 59 31 30
Internet : *www.shfonline.com*

Système d'identification répertoriant les équidés (SIRE)
Institut du Cheval – BP 3
19231 Arnac-Pompadour Cedex
Tél. : 05 55 73 83 83

Union nationale des propriétaires de chevaux de selle (UNPCS)
5, rue Puits-Perdus – BP 31
78770 Thoiry
Tél. : 01 34 94 72 18
Internet : *www.unpcs.net*

Les haras nationaux

Les Haras nationaux
Route de Troche
BP 6
19231 Arnac-Pompadour Cedex
Tél. : 05 55 73 83 00
Fax : 05 55 73 83 94
Internet : *www.haras-nationaux.fr*

Haras national d'Annecy
Rue Guillaume-Fichet
B.P 308
74008 Annecy Cedex
Tél. : 04 50 33 02 33
Fax : 04 50 45 11 31
E-mail : *haras.annecy@haras-nationaux.fr*

Haras national d'Aurillac
Avenue de Julien
15000 Aurillac
Tél. : 04 71 46 87 00
Fax : 04 71 64 54 12
E-mail : *haras.aurillac@haras-nationaux.fr*

Haras national de Besançon
52, rue de Dole
B.P 1919
25020 Besançon Cedex
Tél. : 03 81 52 46 97
Fax : 03 81 41 01 00
E-mail : *haras.besancon@haras-nationaux.fr*

Haras national de Blois
62, avenue Maunoury
B.P 909
41009 Blois Cedex
Tél. : 02 54 55 22 80
Fax : 02 54 74 86 93
E-mail : *haras.blois@haras-nationaux.fr*

Haras national des Bréviaires
78610 Le Perray-en-Yvelines
Tél. : 01 34 57 85 30
Fax : 01 34 84 60 57
E-mail : *haras.breviaires@haras-nationaux.fr*

Haras national de Cluny
2, rue de la Porte-des-Prés — 71250 Cluny
Tél. : 03 85 59 85 00
Fax : 03 85 59 24 54
E-mail : *haras.cluny@haras-nationaux.fr*

Haras national de Compiègne
1, boulevard Victor-Hugo
60200 Compiègne Cedex
Tél. : 03 44 38 54 50
Fax : 03 44 40 20 17
E-mail : *haras.compiegne@haras-nationaux.fr*

Haras national de Gelos
64110 Gelos
Tél. : 05 59 06 60 57
Fax : 05 59 06 03 97
E-mail : *haras.gelos@haras-nationaux.fr*

Haras national d'Hennebont
Rue Victor-Hugo
56700 Hennebont
Tél. : 02 97 36 20 27
Fax : 02 97 36 33 96
E-mail : *haras.hennebont@haras-nationaux.fr*

Haras national de Lamballe
B.P 548 – 22405 Lamballe Cedex
Tél. : 02 96 31 00 40
Fax : 02 96 31 91 53
E-mail : *haras.lamballe@haras-nationaux.fr*

Haras national de La Roche-sur-Yon
Rue du Général-Gallieni – B.P 317
85008 La-Roche-sur-Yon
Tél. : 02 51 37 01 85
Fax : 02 51 37 86 03
E-mail : *haras.laroche@haras-nationaux.fr*

Haras national du Lion d'Angers
Domaine de l'Isle-Briand
49220 Le-Lion-d'Angers
Tél. : 02 41 95 82 46
Fax : 02 41 95 69 69
E-mail : *haras.angers@haras-nationaux.fr*

Haras national du Pin
Le-Pin-au-Haras
61310 Le-Pin-au-Haras Cedex 1703
Tél. : 02 33 12 16 00
Fax : 02 33 36 14 12
E-mail : *haras.lepin@haras-nationaux.fr*

Haras national de Montier-en-Der
52220 Montier-en-Der
Tél. : 03 25 04 22 17
Fax : 03 25 04 68 60
E-mail : *haras.montier@haras-nationaux.fr*

Haras national de Pompadour
19230 Arnac-Pompadour
Tél. : 05 55 98 39 10
Fax : 05 55 73 66 84
E-mail : *haras.pompadour@haras-nationaux.fr*

Haras national de Rodez
Rue Eugène-Loup – B.P 313
12003 Rodez cedex
Tél. : 05 65 73 84 00
Fax : 05 65 68 29 07
E-mail : *haras.rodez@haras-nationaux.fr*

Haras national de Rosières-aux-Salines
54110 Dombasle-sur-Meuse
Tél. : 03 83 48 14 18

Fax : 03 83 46 91 70
E-mail : *haras.rosieres@haras-nationaux.fr*

Haras national de Saintes
Avenue Jourdan – B.P 305
17017 Saintes Cedex
Tél. : 05 46 74 85 91
Fax : 05 46 74 80 11
E-mail : *haras.saintes@haras-nationaux.fr*

Haras national de Saint-Lô
Route de Bayeux – BP 360
50010 Saint-Lô
Tél. : 02 33 77 88 77
Fax : 02 33 55 26 14
E-mail : *haras.saintlo@haras-nationaux.fr*

Haras national de Strasbourg
1, rue Sainte-Élisabeth
67000 Strasbourg
Tél. : 03 88 36 10 13
Fax : 03 88 24 22 05
E-mail : *haras.strasbourg@haras-nationaux.fr*

Haras national de Tarbes
70, rue du Régiment-de-Bigorre
B.P 0646
65006 Tarbes Cedex
Tél. : 05 62 56 31 00
Fax : 05 62 51 20 32
E-mail : *haras.tarbes@haras-nationaux.fr*

Haras national d'Uzès
B.P 57 – 30701 Uzès Cedex
Tél. : 04 66 22 33 11
Fax : 04 66 22 44 23
E-mail : *haras.uzes@haras-nationaux.fr*

Haras national de Villeneuve-sur-Lot
Rue de Bordeaux – B.P 303
47307 Villeneuve-sur-Lot Cedex
Tél. : 05 53 70 00 91
Fax : 05 53 70 53 59
E-mail : *haras.villeneuve@haras-nationaux.fr*

Les Haras nationaux – La Jumenterie du Pin
61310 Exmes
Tél. : 02 33 12 12 00
Fax : 02 33 35 58 93
E-mail : *jumenterie@haras-nationaux.fr*

Associations de races de chevaux

Akhal-Téké France
Route de Rebenacq – 64290 Gan
Tél. : 05 59 21 78 68
Internet : *www.asinerie.net/decouverte/akhal-teke.htm*
E-mail : *akhalteke-france@netcourrier.com*

Appaloosa horse club France (APHCF)
9, rue des Bruyères
89360 La Chaussée-Butteaux
E-mail : *aphcf@aol.com*
Tél. : 03 86 43 25 34
Internet : *www.aphcf.com*

Association des éleveurs et propriétaires de chevaux de course AQPS
133, rue du Faubourg-Saint-Honoré
75008 Paris
Tél. : 01 45 62 90 10
Fax. : 01 45 62 40 27

Association des éleveurs de chevaux de race camargue
Parc naturel régional de Camargue
Centre Joseph-D'Arbaud
13460 Saintes-Maries-de-la-Mer
E-mail : *elevage.pnrc@wanadoo@wanadoo.fr*
Tél. : 04 90 97 58 45
Fax : 04 90 97 58 48

Association européenne des éleveurs de chevaux camargue hors-berceau
Regagnas – 30770 Vissec
Tél. : 04 67 82 01 67
Fax : 04 67 82 03 31

Association française du cheval barbe (AFCB)
La Juge-Les Balmes
26100 Romains-sur-Isère
Tél. : 04 75 02 90 28
Fax : 04 75 72 66 54
Internet : *afcb.9online.fr*

Association française du cheval islandais (AFCI) et Fédération française du cheval islandais (FFCI)
1, rue des Mésanges
57430 Kappelkinger
Internet : *www.hippoplus.com/islandais*
E-mail : *islandais@hippoplus.com*
Tél. : 03 87 01 22 83 ou 03 83 62 30 58
Fax : 03 83 62 32 30

Association française du cheval lipizzan
Langadran – 29610 Plouigneau
Tél. : 02 98 67 75 20
Internet : *www.afl-lipizzan.com*

Association française du cheval lusitanien (AFCL)
5, avenue Victor-Hugo
06190 Roquebrune-Cap-Martin
Port : 06 07 51 01 17
Fax : 04 93 35 50 02
Internet : *www.afcl.org*

Association française du cheval palomino
9, route de la Couture - La Houssaye de Mouettes – 27220 Mouettes
E-mail : *palomino@free.fr*
Internet : *palomino.free.fr*
Tél. : 02 32 26 97 10
Fax : 02 32 26 97 10

Association française du cheval pinto
Les Clos du Pommeriaz – La Croix d'Aiguebelle – 73390 Bourgneuf
E-mail : *president@cheval-pinto.asso.fr*
Internet : *www.cheval-pinto.asso.fr*
Tél. : 04 79 36 34 82

Association française des éleveurs de chevaux de pure race espagnole (AECE)
Cidex 1160 – 30250 Asperes
Tél./ Fax : 01 45 35 25 02
Internet : *aece.pre.free.fr*

Association française du cheval miniature (AFCM)
BP 70196 – 14805 Deauville Cedex
Tél. : 02 31 65 47 93
Fax : 02 31 88 91 16
Internet : *www.cheval-miniature-afcm.com*
E-mail : *contact@cheval-miniature-afcm.com*

Association française du trakehner
Grande-Rue – 01150 Chazey-sur-Ain
Tél. : 04 74 61 95 01
Internet : *www.trakehner.asso.fr*

Association nationale de l'anglo-arabe (ANAA)
BP 425 – 64104 Bayonne Cedex
Tél./Fax : 05 59 46 34 34
E-mail: *anaa.france@wanadoo.fr*
Internet : *www.anaa.com.fr*

Association nationale du cheval arabe (ACA)
BP 25 – 06113 Le Cannet Cedex
Tél. 04 92 18 73 49
Fax: 04 93 45 40 52
E-mail : *acafrance@fredericm.com*
Internet : *www.aca-france.org*

Association nationale des éleveurs de chevaux de race selle français (ANSF)
8, rue d'Athènes – 75009 Paris
E-mail : *ansf@wanadoo.fr*
Tél. : 01 44 53 15 37
Fax : 01 48 74 08 21

Association pyrénéenne ariégeoise du cheval de Castillon
41, rue François-Camel
09800 Castillon
E-mail : *castillon@equipyrene.com*
Internet : *www.equipyrene.com*
Tél. : 05 61 49 68 66
Fax : 05 6115 01 70

Centre national du cheval mérens – Sherpa France
09240 La Bastide-de-Serou
E-mail : *sherpa@sherpa-merens.com*
Internet : *www.chevaldemerens.com*
Tél. : 05 61 64 59 05
Fax : 05 61 64 59 48

Société hippique percheronne de France (SHPF)
1, rue Doullay – BP 32
28402 Nogent-le-Rotrou Cedex
E-mail : *shpf@percheron-france.org*
Internet : www.percheron-france.org
Tél. : 02 37 52 00 43
Fax : 02 37 52 93 20

Syndicat d'élevage du cheval comtois
Haras national de Besançon
52, rue de Dole – 25000 Besançon
Tél. : 03 81 52 50 45
Fax: 03 81 41 01 00
Internet : *www.chevalcomtois.com*
E-mail : *contact@chevalcomtois.com*

Syndicat du cheval de trait auxois
Direction des Services Vétérinaires
2, rue Hoche – 21000 Dijon
Tél. : 03 80 43 43 01
Fax : 03 80 43 23 01
Internet : *www.centreauxois.com/syndicat.htm*
E-mail : *cdoubre@haute-marne.chambagri.fr*

Syndicat d'élevage du cheval de trait du Nord
Hôtel de Ville – 59407 Cambrai
Tél. : 03 21 48 35 82
Fax : 03 21 24 63 60
Internet : *www.actucheval.com/cheval/lourds/trait-nord.htm*
E-mail : *nicole.topart@wanadoo.fr*

Syndicat hippique boulonnais
Maison familiale et rurale des Hauts-Pays
7, rue Sans-Culotte
62650 Campagne-les-Boulonnais
Tél. : 03 21 86 59 63
Fax : 03 21 86 39 98
E-mail : *syndicat.hippique.boulonnais@wanadoo.fr*

Syndicat national des éleveurs et utilisateurs de chevaux cob normand
Hôtel Bois Hardy
50490 Saint-Sauveur-Lendelin
E-mail: *dubost.yves@wanadoo.fr*
Tél. : 02 33 07 79 17
Fax : 02 33 07 79 17

Union des éleveurs de chevaux de la race ardennaise
Chambre d'agriculture de la Haute-Marne
26, rue du 109e RI.
52011 Chaumont Cedex
E-mail : *cdoubre@haute-marne.chambagri.fr*
Tél. : 03 25 35 03 32
Fax : 03 25 35 03 34

Associations de races de poneys

Association française
du cheval fjord (AFCF)
4, rue de Manstall – BP 9
67510 Lembach
Tél. : 03 88 94 41 31
Fax : 03 88 94 24 47
Internet : *www.fjord.asso.fr*
E-mail : *afcf@fjord.asso.fr*

Association française
du poney cob-welsh (AFPCW)
Haras du Vignault
Route de Souesmes
41300 Salbris
Tél./Fax : 02 54 97 35 57
Internet : *www.isasite.net/poneywelsh*

Association française
du poney connemara (AFPC)
L'Aulne Montgenard
53470 Martigne-sur-Mayenne
Internet : *www.connemara-france.com.fr*
E-mail : *connemara.france@wanadoo.fr*
Tél. : 02 43 02 55 19
Fax : 02 43 02 50 87

Association française
du poney dartmoor (AFPD)
Haras de Kergroix – Kérourio
56400 Brech
Tél./Fax : 02 97 57 51 44
E-mail: *assoc.dartmoor@wanadoo.fr*
Internet : *perso.wanadoo.fr/dartmoor*

Association française
du poney européen de sport
Le Prieuré de Molières
53200 Chemazé
Tél. : 02 43 70 21 71

Association nationale du poney français
de selle et du poney de sport (ANPFS)
16, rue des Écoles
41200 La-Marolle-en-Sologne
Tél. : 02 54 83 72 00
Fax : 02 54 83 75 05
Internet : *www.anpfs.com*
E-mail : *anpfs@wanadoo.fr*

Association française
du poney haflinger (AFPH)
La Haie Porchet
44440 Joué-sur-Erdre
Tél. : 02 40 72 38 33
Fax : 02 40 72 38 33
E-mail : *asso.haflinget@free.fr*
Internet : *www.haflinger.fr.st*

Association française du poney highland
(AFPH)
Domaine de Tournessac
23270 Betete
Tél./Fax : 05 55 80 89 29
E-mail : *afp.highland@laposte.net*

Association française du poney landais
(AFPL)
Talon
40370 Beylongue
Tél. : 05 58 57 01 83
Fax : 05 58 97 51 04

Association française du poney
new-forest (AFPF)
18, rue de Sarrelouis
57550 Villing
Tél. : 03 87 57 00 60
Fax : 03 87 57 07 27
Internet : *www.new-forest.asso.fr*
E-mail : *ferme-dame-blanche@wanadoo.fr*

Association française du poney shetland
(AFPS)
5, rue d'Orélans
89220 Bleneau
Tél. : 03 86 74 90 98
Fax : 03 86 74 86 85
E-mail : *shetland@hippoplus.com*
Internet : *www.hippoplus.com/shetland*

Association internationale
du pottok de sport (AIPS)
Maison du Cheval – La Garette
79270 Sansais
E-mail: *jack.pottok@wanadoo.fr*
Tél. : 06 11 97 35 25

Association Lehengo Potiokia (ALP)
Réserve naturelle du Pottok
64780 Bidarray
E-mail : *pottok@aol.com*
Tél. : 05 59 52 21 14
Fax : 05 59 24 63 05

Association nationale du pottok (ANP)
Mairie de Sare – BP 8
64310 Sare Cedex
Tél. : 06 03 29 13 11
Internet : *pottok.anp.free.fr*
E-mail : *anpottok@free.fr*

Groupement des éleveurs
de poneys shetland
58, rue Marie-et-Pierre-Curie
76117 Incheville
Tél. : 02 35 50 74 77

Magasins spécialisés

Cheval Plus
25, route de Paris – 78760 Pontchartrain
Tél. : 01 34 89 91 20
Fax : 01 34 89 65 97
Internet : *www.cheval-plus.fr*

Équip'Horse
RN 13 – Marolles
14100 Lisieux
Tél. : 02 31 63 68 65
Fax : 02 31 63 02 15
Internet : *www.equiphorse.com*

Équistable
177, boulevard Haussmann – 75008 Paris
Tél. : 01 45 61 02 57
E-mail : info@equistable-sellerie.com

Forestier
2, rue Grande-Champagne
16130 Segonzac
Tél. : 05 45 83 40 62
Fax : 05 45 83 35 59
Internet : *www.forestier.com*

France Cheval
41 rue Mocquesouris – BP 334
89103 Sens Cedex
Tél. : 03 86 83 03 00

Golden Horse Shop
2, route de Mantes – 78790 Septeuil
Tél.: 01 34 97 08 91
Fax : 01 30 93 85 75
Internet : *www.golden-horse-shop.fr*
E-mail : *goldenhorse@wanadoo.fr*

Horse Import Export
53, avenue Gambetta
92400 Courbevoie
Tél. : 01 46 67 77 27
Fax : 01 47 68 70 17
Internet : *www.groupe-katz.com*
E-mail : *groupe-katz@wanadoo.fr*

Horse USA
19, rue Charles-Avray
93500 Pantin
Tél./Fax : 01 48 40 72 94
E-mail : *mhorseusa@aol.com*

Horse Wood
27, rue de l'Église
Maillo-BP 652
89105 Sens Cedex
Tél. : 03 86 83 00 13
Fax : 03 86 83 00 14
Internet : *www.horswood.com*
E-mail : *info@horsewood.com*

Ibéro Import
Les Ondes – Layoules – 12000 Rodez
Tél. : 05 65 67 05 61
Fax : 05 65 77 92 37
Internet : *equitation-iberique.com*

K-Val
Vente par correspondance :
36, avenue des Vallées – BP 182
74204 Thonon-les-Bains Cedex
Tél. : 04 50 71 50 73
Fax : 04 50 26 53 44

La Gée (Cosnet SA)
157, route Nationale
72550 Coulans-sur-Gée
Tél./Fax. : 02 43 88 85 90
Internet : *www.lagee.com*

La Maison du cheval
41, avenue des Goumiers
13008 Marseille
Tél. : 04 91 73 30 35

Macel
26, avenue du Général-de-Gaulle
14800 Deauville
Tél. : 02 31 88 25 03
Fax : 02 31 88 46 76

Padd
14, rue de la Cavalerie – 75015 Paris
Tél. : 01 43 06 56 50
Internet : *www.padd.fr*

Sellerie Devoucoux
Route de Calamardin
Quartier de Bassilour – 64210 Bidart
Tél. : 05 59 47 59 50
Fax : 05 59 47 59 51
Internet : *www.devoucoux.com*

Sellerie Phoenix
13, place Dupuy – 31000 Toulouse
Tél. : 05 61 62 08 72
Fax : 05 61 62 12 79
Internet : *www.sellerie-phoenix.com*
E-mail : *olivier-feron@sellerie-phoenix.com*

TH Cuir
Aurouze
15500 Massiac
Tél. : 04 71 73 63 73
Internet : *www.thcuir.com*
E-mail : *info@thcuir.com*

Ukal Équitation
BP 35 – 67501 Haguenau Cedex
Tél. : 03 88 07 40 05
Fax : 03 88 07 40 04
Internet : *www.ukal-equitation.com*

Stal
72, rue de Rochechouart
75009 Paris
Tél. : 01 48 74 78 51
Fax : 01 40 16 92 31

T de T
10, rue Félix Ziem – 75018 Paris
Tél. : 01 42 58 32 02
Fax : 01 42 58 32 08

Revues équestres

Atout Cheval
Complexe Industriel de la Hunière
78120 Sonchamp
Tél. : 01 34 84 49 70
Internet : *www.info-press.fr/fiches/atout-cheval-1581-gp.htm*

Cheval Loisirs
101 rue Jean-Jaurès
92300 Levallois-Perret
Tél. : 01 58 74 00 81
Fax : 01 58 74 00 80

Cheval Magazine
3, chemin de Bluche – BP 60
78490 Montfort-l'Amaury
Tél. : 01 34 86 29 00
Fax : 01 34 86 78 79
Internet : *www.chevalmag.com*
E-mail : *redac.cm@chevalmag.com*

Cheval pratique
Espace Clichy « Le Sirius »
9, allée Jean-Prouve
92587 Clichy Cedex
Tél. : 01 41 40 33 94
E-mail : *chevalpratique@editions-larivière.fr*

Cheval Star
3, chemin de Bluche – BP 60
78490 Montfort-l'Amaury
Tél. : 01 34 86 29 09
E-mail : *redac.cs@chevalmag.com*

Equus-Les Chevaux
75, avenue Parmentier – 75011 Paris
Tél./Fax : 01 49 29 78 24
Internet : *www.equus-les-chevaux.com*

Éperon
101 rue Jean-Jaurès
92300 Levallois-Perret
Tél. : 01 58 74 00 60
Fax : 01 58 74 00 70

Les Cahiers du cheval arabe
17, place du Général-de-Gaulle
93100 Montreuil
Tél. : 01 42 87 53 63
Internet : *www.lesaboteur.com*

Western Magazine
Route de Fontvielle – 13150 Tarascon
Tél. : 04 90 54 69 85
Fax : 04 90 54 62 67
Internet : *www.western-mag.com*
E-mail : *western.magazine@wanadoo.fr*

Sites Internet

Cavadeos : *www.cavadeos.com*

Fédération française d'équitation : *www.ffe.com*

Hippoplus : *www.hippoplus.com*

Planète du cheval : *www.cheval-web.com*

Magazine des sports équestres : *www.equiwa.com*

Haras nationaux : *www.haras-nationaux.fr*

Monde de l'âne : *www.bourricot.com*

Planet-Horse : *www.planet-horse.com*

Plate-forme du cheval : *www.eii.fr*

Équi Info : *www.equinfo.org*

Cheval.fr : *www.cheval.fr*

Cheval + : *www.chevalplus.com*

Livres et vidéos

Romans
- *Les Cavaliers*, Joseph Kessel (éd. Gallimard).
- *Chamane*, L. Jurgenson (éd. Calmann-Lévy).
- *La Chute de cheval*, Jérôme Garcin (éd. Gallimard).
- *L'Homme qui murmurait à l'oreille des chevaux*, Nicholas Evans (éd. Albin Michel).
- *Milady*, Paul Morand (éd. Gallimard).
- *Le Seigneur des chevaux*, Christine de Rivoire (éd. Grasset).
- *Shy Boy, le cheval sauvage qui venait du désert*, Monty Roberts (éd. Albin Michel).

Récits d'aventures
- *Le Grand Nord à cheval*, Pierre Vernay (éd. Albin Michel).
- *Crinières sans frontières*, Stéphane Bigo (éd. Albin Michel).
- *Crinière au vent indien*, Stéphane Bigo (éd. Albin Michel).
- *Crinière au vent d'Asie*, Stéphane Bigo (éd. Albin Michel).
- *America Deserta*, Philippe Frey (éd. Robert Laffont).
- *Le Grand Trek*, Évelyne Coquet (éd. Robert Laffont).
- *Le Canada à cheval*, Dominique Barbe (éd. Albin Michel).
- *Cavalier de l'espoir*, Adnan Azzan (éd. Stock).

Divers
- *Le Monde des chevaux de trait*, Alain Raveneau (éd. Rustica).
- *Le Livre du poney*, Pierre Miriski (éd. Rustica).
- *Chevaux et Poneys, cahiers de l'élevage*, Catherine Bolac & Pierre Miriski (éd. Rustica).
- *Être cavalier propriétaire*, Claude Lux (éd. Maloine).
- *Être cavalier randonneur*, Claude Lux (éd. Maloine).

Vidéos
- *Les Crinières d'or*, les meilleurs spectacles présentés au Salon Cheval passion.
- *Haute École et Tauromachie*, avec Angel et Rafael Peralta.
- *Collection Équitation Images*, sur la plupart des disciplines.

Télévision
- *Équidia*, la chaîne du cheval sur Canal Satellite.
- *Le Magazine du cheval*, tous les dimanches à 13 h 30 sur France 3.

CD Rom
Les Galops (L'Encyclopédie).
Configuration minimum : Pentium 166 Mhz, 32 Mo de Ram. Mac : Imac ou G3, 32 Mo de Ram, Mac OS 7.5.3.

Crédits iconographiques

Toutes les photographies sont de Pierre Miriski (agence Cogis), sauf :

Simon Bottomley / Getty images : photographie de couverture.

D.R. : page151.

Cogis :
Hermeline : pages 79, 82, 105ab, 107, 112, 166;
Monnier : pages 39, 94, 95.

Documents Michel Calinaud : pages 13, 16-17, 18, 45, 143, 144, 145.

Optipress :
Frédéric Chéhu : pages 81, 115, 116a, 146, 156a,
157, 158b, 162, 179, 180-181, 182, 183;
Bob Langrish : pages 12, 32-33, 54-55;
Annette Soumillard : pages 72-73, 167;
Sabine Stuewer : page 8.

Catherine Potdevin : photographie a de la 4e de couverture
et pages 23bcd, 24a, 38b, 70ab, 71, 104, 106b, 148a.

A. Poupel : page 185.